大夏书系·幼儿教育

朱家雄 张亚军◎主编

给幼儿园园长的建议

Geiyoueryuanyuanzhang
de jianyi

华东师范大学出版社
EAST CHINA NORMAL UNIVERSITY PRESS

目 录

第三辑 走进教室了解情况

第四辑 遇事冷静一分钟

第五辑　园长要重视教科研

第六辑　要学会赏识每一位教师

第七辑　“家”“园”手拉手，共同育“幼苗”

序 言

　　呈现在读者面前的这本书是由全国多位幼儿园园长、幼儿教师和幼教专家共同编写而成的，我们希望通过对这些园长、教师和专家的管理实践经验的讲述，可以对全国更多的幼儿园管理者有所帮助。

　　园长作为幼儿园的管理者，对于幼儿园的发展起着毋庸置疑的重要作用，但局外人通常对园长这个职务还存在着诸多误解。如有人把园长看作一个行政官员，是幼儿园的全权代表，将荣誉和责任全部归于他一人；有人把园长看作一个权威者，下属与之必须保持适当的距离；还有人把园长看作一个发号施令者，教师以服从命令为己任；甚至有人认为园长是一个轻松的职务，只需动动嘴就行了。但实际上，园长这个身份包含了太多的艰辛、努力和责任，个中滋味只有园长自己知道。所以，要做一个被人人认可、堪称优秀的幼儿园管理者着实不易。

　　好园长不是天生的，而是通过后天的努力锻造出来的。而且并不存在衡量一个好园长的绝对标准。虽然有些人可能具备一些适合当园长的品质，但我们认为：一个优秀的园长是在实践中锻造出来的。优秀的园长不是光凭时间和经验就可以修炼而成的，而必须通过不断的反思和学习才能被锻造出来。这本书展现了许多园长在各自实践中的反思，可以为其他园长提供交流学习的载体。总之，我们希望每个园长都能努力地在实践中锻造和修炼自己。

　　园长应该如何在实践中努力锻造和修炼自己呢？以下两个建议可供参考：

　　一是园长不仅要努力成为一个优秀的管理者，更要努力成为一个优秀的领导者。约翰·科特（John Kurt）是举世闻名的领导力专家，他有一句名言："取得成功的方法是75%～80%靠领导，其余20%～25%靠管理，而不能反过来。"他通过列举领导和管理的不同职能，得出了精辟的结论：领导未必优于管理，也未必可以取代管理；要想获得成功，真正的挑战在于将强有力的领导能力和管理能力结合起来，并使两者相互制衡。美国前国务卿基辛格（Henry Kissenger）博士也说："领导就是要让他的人们，从他们现在的地方，带领他们去还没有去过的地方。"所以，园长在强调自身作为管理者的身份的同时，更要锻造自己的大局观、亲和力和人格魅力，形成自己鲜明、独特的领导风格。相对于园长提高自身处理事务的能力，如何团结员工，发挥整个团队处理事务的能力显得更加重要。相信在这本书中，读者会以自己的方式去体会如何成为一个优秀的管理者和领导者。

二是一个好园长未必是被教出来的，而主要是被发现、挖掘出来的。约翰·科特还说过："我不认为领导能力是能够教出来的，但我们可以帮助人们去发现，并挖掘自己所具备的领导潜能。"所以，当你看到许多知名园长的成功经历时，你首先不要试图去模仿、去照搬他人的成功的做法和经验。因为每个人的个性特征、处事风格、社会经历各不相同，每个幼儿园的历史、现状、条件、境遇也都各不相同，因此，移植成功的可能性并不大。但学习与交流又是非常必要的，因为这些可以帮助我们去更好地发现、反思自己的实际工作；最重要的是，通过这些成功经验的比较与参照，我们可以发现、挖掘自身的才能，完成自身的锻造。在这个意义上这本书为广大园长提供了自我发现、挖掘潜能的参照物。

这本书作为《给幼儿教师的建议》的姊妹篇，希望能得到广大读者的喜欢。尽管我们一直在努力邀请更多的优秀园长参与本书的编写，但全国范围内的优秀园长太多了，我们为未能邀请更多的园长参与本书的编写而遗憾。此外，书中存在的不足之处，恳请读者提出宝贵意见。

朱家雄　张亚军

做一个有效的决策者

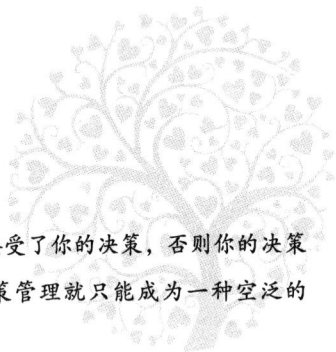

如果我们从解决问题的角度看决策，除非组织成员接受了你的决策，否则你的决策就是无效的，或者只是一个良好的意愿而已，那么，决策管理就只能成为一种空泛的形式。

——华东师范大学学前教育系　阎水金

优秀的幼儿园园长要做到既关心人，又关心工作，而不是顾此失彼有所偏颇。要使两个要素相辅相成，努力提高管理水平，把以人为中心和以工作为中心结合起来，形成良好的园风园貌。

——山东省平邑县教育局　赵侠

教育的价值体现在让孩子获得成长的快乐，而教育工作管理者的价值体现在让员工和自己获得工作的快乐，期望各位园长能尽情地享受工作的乐趣。

——安徽省合肥市长江路幼儿园　刘乐珍

做一个有效的决策者

阎水金

决策在管理中的作用不可忽视，其有效性是管理有效性的重要保障，所以决策管理的价值对幼儿园来说是毋庸置疑的。鉴于决策管理的基本理论和幼儿园管理的基本特点，幼儿园的有效决策应该关注以下六个管理问题：

一、决策需要有效的组织沟通

决策是以组织为基础，是做决定时的一种组织行为。决策管理始终离不开组织与组织、组织与个人之间的沟通，而决策的有效性则离不开有效的组织沟通。然而，幼儿园的决策管理很容易局限于管理者个人的主观认识。管理者更相信自己的判断，更愿意采用自上而下的决策方式，不愿意和员工进行交流，这样，也就没有了决策的沟通过程。

如果我们从解决问题的角度看决策，除非组织成员接受了你的决策，否则你的决策就是无效的，或者只是一个良好的意愿而已，那么，决策管理就只能成为一种空泛的形式。

二、决策需要强化认同管理

决策通常是重新定位组织的发展目标并设定与之相应的行为标准的过程。这种管理行为往往会与组织成员的原有价值取向产生某种矛盾。幼儿园的组织成员及其工作关系的特点，决定了管理者的决策通常会受到来自不同层面的阻挠。因此，要让每个员工都能尽快地理解并接受组织的决策，通常是比较困难的。所以，如何提升员工对组织决策的认同度，也就成为幼儿园决策管理的重要内容，而能够让员工接受组织的决策，则需要管理者在决策过程中加强决策的认同管理。

一般来说，决策管理的有效性取决于成员对决策的认同度。决策的认同度越高，决策的执行力度越强；决策的认同度越低，决策的执行力度越弱。如果管理者希望某个决策不至于遭遇太大的阻力，能够得到顺利执行，就必须在决策之前建立畅通的沟通渠道。尽管这种管理方式可能要慢一些见效，但无疑是明智的。然而，这种做法并非处处适用，有时候处于紧急状况中，就必须马上作出决策，在这种情况下，通常需要管理者采取边决策边认同、边认同边执行的管理策略。

三、决策管理需要强化执行力度

在采取正确的行动之前，决策管理还不能算完成了。如果没有把执行决策的任务和责任分配下去，并且为实施决策规定一个最后期限，决策管理就只是一句空话，决策也只是一种期望。

对于一个组织来说，决策管理除了包括决策方案的制定，还包括决策方案的执行。而制定一个好的决策方案，只是决策管理的开端，而不是决策管理的全部，所以，决策方案的执行往往是决策管理中不可忽视的重要环节。

为了加强决策的执行力度，管理者通常需要面对将决策转化为行动所需要解决的几个基本问题：谁必须了解这项决策？实施决策需要采取哪些行动？谁来采取这些行动？为了便于执行，这些行动应该采取何种方式？也就是说，管理者不仅需要加强对执行过程的管理，还要关注执行过程中可能产生的问题，以及员工在执行过程中可能碰到的困难，这就需要管理者加强在执行过程中的细节管理和反馈管理，及时掌控执行过程中的各种信息，并作出相应的调整，以保证决策方案的有效执行。

四、民主决策不等于科学决策

管理的民主化已经成为现代管理的发展趋势。员工参与管理，实行民主决策，这在很多国家和地区都得到了普及和发展。组织决策中实行民主决策可以带来两大效果：一是有利于提高管理的认同度，可以最大限度地调动员工的积极性，提升他们的主动性和创造性，从而使决策的实施取得有力的支持和保障；二是可以有效避免组织的管理局限性，让更多的人参与到决策过程中来，这样就可以有效地避免因管理者个人知识的局限和价值观念的偏见所造成的决策失误，从而提升决策质量。但是，如果民主决策没有引入科学的决策方法，那么，多一个决策参与者仅仅是多了一个"拍脑袋"的人。

为了保证决策的有效性，在民主决策的过程中还应该进行科学决策。所谓科学决策，是在准确把握决策所寻求的目标与措施的内在必然联系的基础上，对实现目标的措施所进行的一种优化选择。决策的关键在于组织目标的实现，在于组织目标实现的措施选择，而民主决策应该是科学决策的一种组织形式。

五、以"见解为先"的决策

人的行为总是从个人的见解开始，故离开个人见解的行为决策往往是不符合实际的，其结果必然是形成没有思想的行为，或者是没有思考的行为。这种行为通常带有极大的盲目性与低效性。管理学家认为，对于决策应该以"见解为先"作为基础。有效的管理者都知道，一项决策不是先从搜集事实开始的，而是先有自己的见解，这样的做法是正确的。因为凡在某一领域具有经验者，都应该有他的见解。比如，一个人在某一方面经验丰富，却没有独到的见解，这就说明此人没有敏锐的观察力和清晰的头脑。

决策的过程中往往会产生不同的见解，见解通常来自不同方面，不同的人又会有不同的见解，而不同见解的相互冲突，对于决策具有非常重要的意义。有效的管理者大多鼓励大家提出自己的见解，同时，也会让大家深思其见解经过实证后的结果。所以，高效的决策人，不是完全遵循教科书的原则，而是寻求众人"意见一致"的决策。他们的做法通常是有意识地"制造"互相冲突的不同意见，也就是说，管理者的决策不是从"众口一词"中得来的。一个好的决策，应以互相冲突的意见为基础，从不同的观点和不同的判断中加以选择，并得出结果。所以，除非有不同的见解，否则就不可能有决策——这是有效决策的重要原则。

六、决策方案的合理选择

决策方案的制定与选择，是决策管理的重要内容。管理大师德鲁克（Peter F. Drucker）强调：决策时应该选择正确的方案，而不是最能被大家接受的方案。但是，如何对决策方案进行选择，如何选择最佳的决策方案，其选择的依据和方法又是什么？这些问题经常使管理者感到十分困难。一般来说，当某些方案确定不可行时，可以将之先行剔除，再讨论其余的方案。而对余下方案的选择，确实是有一定难度的。美国科学家本杰明·富兰克林（Benjamin Franklin）曾提出一个不错的方法，后人将其称为"本杰明·富兰克林决策法"。这种方法要求把每项方案的优缺点逐条列出来，优点的部分给予 0 ~ +10 的评分，缺点的部分给予 0 ~ -10 的评分，最后将所有优缺点的分数相加，这样就可以得出每个方案的总分，并根据分数来判断哪一个是最佳方案，从而决定方案的选择。

决策的基本理论是十分丰富的，特别是有效决策的理论与方法，对于幼儿园的决策管理具有一定的参考价值。我们可以借鉴这些决策思想与基本理论来探讨幼儿园的决策问题。然而，在幼儿园决策的实践过程中，我们还需要根据幼儿园的实际情况与需要解决的问题，创造性地运用有效的决策理论与方法，并采用合适的决策思路与管理方法，这才是保障幼儿园有效决策的关键所在。

（作者单位：华东师范大学学前教育系）

② 既要关心人，又要关心工作

赵　侠

幼儿园管理是指幼儿园管理人员遵照一定的教育方针，根据保教工作的客观规律，采用科学的工作方式和管理手段，将人、财、物等因素合理组织起来，调动各方面的积极性，优质高效地实现国家所规定的培养目标和幼儿园的工作任务所进行的各种职能活动。

美国得克萨斯州立大学心理学教授布莱克（R. Blake）和莫顿（S. Mouton）把领导行为分为"关心人"和"关心工作"两个维度，并将二者都分为9个不同程度，对人的关心为纵坐标，对工作的关心为横坐标，得出一个管理方格图，又称管理坐标图，如下图所示。

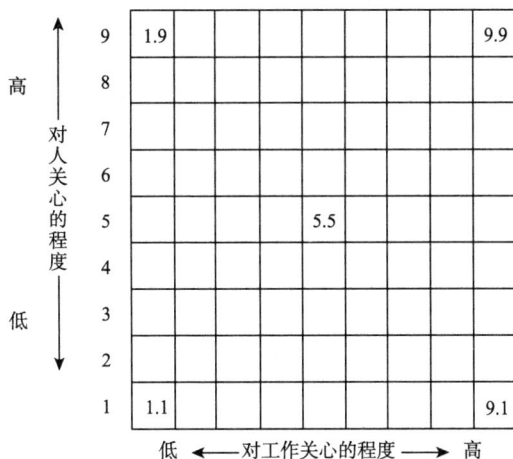

管理坐标图

图中有81个方格，表示两个维度的领导行为的81种组合，其中最典型的5种类型的领导行为不仅对有生产经营任务的企业有参考价值，对幼儿园管理也同样有着重要的启示。

一、"关心人"

幼儿园所拥有的人、财、物是管理的基本要素，是幼儿园的物质资源，也是有形的管理对象。其中，人是具有能动性的物质资源，因为财务等非能动性的物质资源是要由人来掌握、支配和使用才得以发挥作用的，所以人力资源是最重要的。当代管理决策论者西蒙（Herbert A. Simon）曾经说过："管理工作的关键在于领导者，领导艺术的核心在于激励下属积极主动地工作。"而幼儿园女同志比较多，她们感情细腻，因而园长更要注重与下属的沟通和交流。信任并尊重下属，关心她们的需求，分担她们的忧愁，把幼儿教师的利益放在心上，解决其生活、家庭、健康、情绪等问题，尊重其个性，并给她们展示自我的机会，让幼儿教师积极主动地工作。

二、"关心工作"

即注重组织和计划工作目标，规定工作职责和关系，建立明确的组织形态、信息沟通网络和工作程序，制定标准的工作制度，提出明确的工作要求，让下属按其认为最好的方法去工作。在幼儿园，要把学前教育事业的健康发展和幼儿的健康成长放在第一位，作为大家共同的目标，遵守各项规定，坚持正确的办园指导思想，建设优良的园风，让家长和社会对幼儿园的各项工作满意、放心。

（一）贫乏型（1.1型）

这种管理方式既不关心工作，也不关心人，管理者的座右铭是"不看坏事，不说坏事，不听坏事"，以为这样就会不被人注意。

这样的园长是否受教职工的欢迎？答案是否定的。这是管理行为中最差的一种，因为园长既不把幼儿园的工作放在心上，也未把教职工当作自己人，或把自己当作圈内人。如果说："心态决定一切。"那么，这样的领导行为怎么能为幼儿园谋发展？怎么能为教师搭建展示自己的平台？其后果只有两种可能，要么幼儿园走下坡路，要么园长被幼儿园的教职工赶走。

（二）乡村俱乐部型（1.9型）

管理者只关心人，而不督促其去工作，他尽量维护人与人之间的感情关系，了解并满足成员的需要和要求，创造轻松、友爱、快乐的环境，他相信："如果我对他人友好，他人就不会伤害我。"

教师是幼儿园的主体，是有目的、有计划地促进幼儿全面发展的教育实施者，对于幼儿园保教质量的提高，起着重要的作用。在教科研水平较高、管理比较成熟的幼儿园，这种管理方式比较合适。因为在这样的幼儿园里，教师的知识和经验较为丰富，创造性解决问题的能力较强，且具有相当的责任感，严格的管理反而会束缚他们的积极性，导致其工作效率降低。管理者如果采取乡村俱乐部型的管理方法，可以最大限度地满足个人的需要，发展个人的潜力，从而使每个成员的能力得到最大的发挥，培养出更多的幼教人才。

（三）任务型（9.1型）

这种类型的管理者只关心工作，不关心人，他更关注任务、计划和效率，指导和控制成员的行为，以促进工作的完成。他相信："当我具有足够的力量时，就能排除阻力和对抗，进而把我的意志强加于人。"

这种管理者表面上看工作有魄力，雷厉风行，但过分关心工作会使教职工怨声载道。因此幼儿园园长作为管理人员，对待全园的工作要有人情味，不能一味地强调工作、强调奉献，从而使教职工产生职业倦怠感。对于新建园，这种类型的园长管理幼儿园，短期可以见效，但时间长了却容易失掉民心。因此，管理者必须适时地对工作思路进行调整，更多地考虑职工的生活、精神需求等，在工作中，要依据现代管理以人为本的思想原则，注重发挥教职工的主体作用，激发其参与幼儿园的管理，关心幼儿园的发展，而不是被动地接受，这样才能更好地促进教职工的工作积极性。

（四）团队式管理（9.9型）

管理者既关心工作，又关心人，认为工作成绩来源于成员间的相互信任、利益一致、互相依存和献身精神。他相信："有了尊重、献身精神和多面性，我们就能解决棘手的问题，这就是管理的意义。"——布莱克和莫顿认为，这是最有效的领导行为。

幼儿园管理并非仅仅是管理者的事，还应靠全体教职工实行民主管理制，充分发挥他们的聪明才智，这样才能办好幼儿园。园长要建设有较强凝聚力的团队，就应当主动改善自己与教师之间、班组之间的关系，发挥群体精神，减少与教师间的摩擦，增进相互了解；就应当注重形成教职工的团体性动机，增强集体意识，促进教职工的创造力和工作责任感，考虑幼儿园的长远利益，激发全园教职工进取向上的精神。

（五）中间道路式管理（5.5型）

管理者兼顾任务的完成和对员工的关心，寻求两者间的平衡与妥协，推崇对问题的折中处理，而不是根据情况和需要采取最恰当的方法。他相信："如果我的想法、看法、行动和大家一样，而又稍稍过之，那我就是个地位牢靠的管理人员。"他甘居中游，不求进取。

这种方式不是对所有的幼儿园管理都有效，卓有成效的领导者、管理者应当站在各项工作的前列，一方面，使组织成员协同一致地工作，共同实现幼儿园的总体目标；另一方面，应设法满足教职工的需要，帮助他们去实现个人目标。

心理学研究表明，人的积极性来自人的需要。需要则是激发积极性的原动力或动机，管理者应通过及时了解教职工工作、生活状况，理解并满足其要求，从而激发教职工的归属感、认同感，增强其集体荣誉感。将工作与人才结合起来，对于幼儿园保教质量的提高起着重要的作用。

目前，大部分幼儿教师的经济收入和生活条件仍然比较低，管理者应理解和体谅其苦衷，真诚地关心他们，尽可能地搞好幼儿园的福利工作，帮助他们解决生活上遇到的困难，使其精神上得到慰藉，全身心地投入到工作之中。当然，"关心人"、"关心工作"的含义也包括尊重人、信任人，要维护教师的自尊心，做到知人善任，不断改善工作条件，充分发挥个人才能，使大家都能心情舒畅，在工作中焕发出更大的积极性。**优秀的幼儿园园长要做到既关心人，又关心工作，而不是顾此失彼有所偏颇，要使两个要素相辅相成，努力提高管理水平，把以人为中心和以工作为中心结合起来，形成良好的园风园貌。**

（作者单位：山东省平邑县教育局）

3 警惕做"劳动模范"

张亚军

在网上摘录到一段对幼儿园园长的日常工作的描述，相信有不少园长读后会对此产生共鸣：

> 本来一个个都是优秀的、成功的幼儿教师，有进取精神和管理才能。可一旦做了园长却迷失了自己。每天早早地步入幼儿园，有的亲自开启大门；有的亲自清扫操场；有的亲自烧开水……强调人文管理之后，更多的园长站在大门口亲自迎接一个个来园的教师和入园的孩子。然后是走食堂、看早操、跑教室、查卫生、开会议事等，围绕着一个又一个的活动，处理着总也理不清的杂务，没有片刻的休闲，没有一丝的清静，更没有完整的自我。一天很快就过去了，下班时又来到门口送走亲爱的孩子和老师们。每天做了些什么？不知道，好像什么都做了，又好像什么都没做。今天取得了哪些成绩？不知道，因为好像每个成绩都是教师的，自己什么也没有。明天要干什么？不知道，因为领导还没开会，谁又知道明天会发生什么事？每天迈着急匆匆的脚步，往返于家庭和幼儿园之间，满头雾水，满身疲惫，将无数大好时光用来迷惘。

一个负责任的管理者，在各方面都会想到以身作则，做员工的榜样。幼儿园园长作为托幼机构的管理者，所辖事务琐碎而复杂，做任何事情都不可掉以轻心。为了做好各项工作，园长在很多时候都身先士卒，凡事亲历亲为，期望以此来带动托幼机构的所有员工尽职尽责，达到管理的最大效果。这些具备老黄牛精神的管理者，为了做好工作，往往付出了大量的时间和精力，幼儿园的大事小事必亲自过问，生怕哪个环节、哪个细节因自己不能把握而出问题。但事实往往并不如园长所愿：虽然付出了辛苦的劳动，却没有取得预想的管理效果。自己堪称"劳动模范"，自己的副手和员工做起事来却放不开手脚。尤其是看到自己努力工作，换来的却是员工的不理解、不配合，就显得更委屈了。更有甚者，有些园长会因此感到困惑和彷徨，无法发现管理工作的乐趣和成就，从而迷失了自我。

反之，很多有经验的知名园长，想法天马行空，看起来不务正业，一周难得在幼儿园见到几次。今天到这里开会，明天到那里讲学，空闲了把自己关在办公室里看书。幼儿园的运转自有相关人员各司其职，真正的管理者似乎不存在。奇怪的是，幼儿园不但运转正常，而且成绩突出，丝毫不影响评选先进和获得荣誉。

当然，在这里有意做了极端的对比，但幼儿园的管理实践确实存在着类似的反差。我们所描述的虽然只是表面现象，但在表面的背后实际上隐藏着管理的高下之分。前者看起来堪称"劳动模范"，但对管理的角色身份可能认识不足；后者看似不务正业，但凝聚出多年的管理心得决非一夕之功。

园长最重要的角色定位是什么呢？根据亨利·明茨伯格（Henry Mintzberg）的研究，管理者在管理工作中表现为 10 种"角色"，这 10 种"角色"分为三大类：人际、信息和决策方面的角色。人际角色包括：挂名首脑、领导者、联络者；信息角色包括：接受者、传播者、发言人；决策角色包括：企业家、资源分配者、故障排除者、谈判者。可见，在这三大类总共 10 种角色中，并没有显现出领导者身先士卒的角色特征。

所以，作为园长，明确自己的角色定位是至关重要的。以身作则、辛苦工作，可能是园长赢得员工尊重、展示个人魅力的一个重要特征，但不能成为园长自身的角色定位。园长要时刻明确自己的管理者身份，而管理者最重要的职责是发挥管理的效率。事事躬亲如果能带动员工的工作热情，发挥管理的效率，这个"劳动模范"当得值得。但如果不能发挥管理的效率，就应该转而寻求更好的办法。因为最关键的问题是，园长如果花大量的时间忙于对具体事务的处理，必然会挤压宏观决策、思考、信息处理和协调的管理职能，这样极容易造成"吃力不讨好"的被动局面。

下面这个关于管理的寓言，也可以帮助我们理解这个问题：

古时候，有两个兄弟各自带着一只行李箱出远门。一路上，重重的行李箱将兄弟俩压得喘不过气来。他们只好左手累了换右手，右手累了又换左手。忽然，大哥停了下来，在路边买了一根扁担，将两个行李箱一左一右挂在扁担上，他挑起两个箱子上路，反倒觉得轻松了很多。

从这个寓言中可以看出：如果没有那根扁担，兄弟俩定要异常辛苦地劳动。若想要完成任务，由于路途漫长，做哥哥的就要以身作则，不怕吃苦，做"劳动模范"。如果有了扁担，即使让弟弟一个人挑着走完全程，也不会像先前那样辛苦。所以，关键在于这根扁担，而不在于劳作与否。作为园长，如果你能找到一根扁担，功劳莫大焉。这时你即使空手相随，也不会影响工作效率。

归结起来，园长要十分警惕做"劳动模范"。当然，工作尽职尽责、辛勤工作仍是十分必要，而不能以此作为偷懒的借口。但当付出诸多辛苦仍得不到管理的效益时，就要思考一下所用的方法是否恰当了。与此相关联的要点如下：

（1）相对于具体的做事而言，思考、谋划、决策、布置、分工更为重要。

（2）自己再辛苦，也只是一个人的有限的力量，要想办法调动所有员工的力量。

（3）通过自己的辛苦劳动作为示范来带动所有的员工的辛苦劳动，是一个有效的办法，但不是唯一的办法，也未必是最好的办法。

（4）当你手忙脚乱的时候，你尤其要警惕是否在做无效或低效的劳动，特别是这些劳动能否称得上是管理。

（5）用最轻松的方式完成最宏大的任务是最值得追求和赞扬的，而不是恰恰相反。

（作者单位：安徽省合肥幼儿师范学校）

4 园长不应是高高在上的权威者

王敬云

作为一名园长，你有你的威严，大家也都能感觉到。她们——一群普通的幼儿教师，往往因畏惧你的"威严"而望而却步。弄不好，他们会"逃之夭夭"、甚至远远"躲"着你……园长与教师之间，怎样才能和谐共处、互相督促、共同进步呢？

如果你曾经是一个高高在上的"统治者"，那么，以下几种方式可以让你摆脱"高高在上"的困惑与不安，并能逐渐走近你的教师们的心灵。

一、发一条温馨短信

在网络上看过一篇文章《温馨短信》，说的是一位园长在寻求提高与教师之间的凝聚力的方法上，通过发送短信的方式，给教师们以温馨的鼓励，很轻松地就化解了她们之间的矛盾。收到短信的教师，心里很是感动，从此，她们对园长的信赖与支持大大增强。

这种方式的确让教师们感到意外：园长怎么会发短信给我们呢？我们的关系是不是平等了呢？从心理上，教师们感到了亲近与亲切；另一方面，看似简单的事情，彰显的其实是这位园长的人文管理方式。难得有这样温馨的场面，"良言一句三冬暖"，化解了园长与教师之间的许多小小的"恩怨"，可谓用心良苦。有人说，大巧无术，凭着我们天生的善良和智慧去管理，这也是很好的一种方式。

只是一条短信，园长和教师们的关系已经进一步发展了，只要经常这样做，不用担心教师们会不努力工作。因为，教师们都是投之以桃、报之以李的人，相信她们会给你一个惊喜。

二、给教师留足"面子"

校长先生对班主任老师发火的时候，不是在有其他人的教师职员室里，而是在谁也看不到的厨房里，这一件事给小豆豆留下了深深的印象。从这一件事上能够看出，小林先生作为一位真正的教育者的处事方式。

——摘自 ［日］黑柳彻子《窗边的小豆豆》

读这本书的感悟之一便是，小林校长是一位好校长，他不但爱孩子，还能给教师留足"面子"，教师们在这种被尊重的环境下会欣然接受批评，哪怕是来自领导的最严厉的批评。

"面子"对女教师来说更为重要。如果领导当着别的教师的面对某一位女教师大加指责，厉声呵斥，她会面临非常难堪的尴尬境地。经过这样的事情之后，她会对园长心存芥蒂，对园长的看法也会改变。园长今天是怎么了？怎么会这样对我？当着别人的面如此批评我，真是太羞辱人了……此时，园长高高在上的姿态就会在教师的心里形成，这让她感到自己与园长之间有一道深深的沟壑，难以填平。

相反，如果换一种方式，像小林校长那样，找一个没有第三人在场的环境，单独和教师谈谈，即使态度不是很好，但因为不会有第三者当场看到，教师的心情相对会好许多，对于园长的批评与建议也能很快接受。

给足教师"面子"，其实也是给园长自己有台阶可下的最好理由，只有这样，你才能成为教师们尊敬的园长。

三、用智慧和教师做朋友

俗话说，"一个篱笆三个桩，一个好汉三个帮"，幼儿园的工作不仅需要园长的正确领导，更需要教师们积极而努力地配合。只有二者完美的结合，幼儿园才能不断取得进步与发展。

苏霍姆林斯基曾说："校长是教师的教师，如果你想成为一个好的校长，那你首先就得努力成为一名好教师、一个好的教育专家和好的教育者。"作为一园之长，在幼儿园应起着"领头雁"的作用。事事需要想在前面，做在前面，只有如此，工作上才会有向心力和凝聚力。"众人拾柴火焰高"，只有大家齐心协力，才能干好一切。

和教师做朋友吧！你可以抽点时间，到班里去转转，用感情真挚的平凡话语，让教师感到你的平易近人，感受你温柔的一面；你可以抽点时间，在开会之前弄个小插曲，和教师简单拉拉家常，了解教师们最近的烦心事、开心事，让教师感到你朋友般的关怀，感到你亲人般的亲切；你可以抽点时间，到办公室和教师们探讨一下，如何让这节活动课更生动？把你不同于她们的想法积极展现出来，让教师感受你的快乐，感到你良好的教育姿态……所有这些，都可以让你成为教师们的朋友。

四、微笑面对每一天

微笑是增进园长和教职工微妙关系的一剂良药。

不知你有没有遇到过这样的事情："今天园长很开心，面带微笑，我们都很放松，所以心情也不错"；"今天园长心情不好，面带愠色，看上去随时都会发火，我们都很紧张，所以我们的心情也跟着低沉或郁闷"……这些都是来自教师们的真实反馈。清晨的一丝微笑，会让我们快乐一整天！就是这么神奇。

看看园长的微笑带给了教师们什么呢？

园长推门走进活动室听课时给教师一个无言的微笑，可以使教师紧张的情绪得到稳定。当教师的情绪已经平静，一切又恢复到无人听课时的状态，园长的微笑给了她鼓励和支持，她的教学过程有条不紊地进行着，她的课是成功的，这就是园长微笑的功劳。

走到院子里遇到你的教师们，你的一个带着微笑的眼神，会让你的教师们工作起来更有动力：原来园长一直是关注我的！我要努力去做……

正是这些微笑的作用，让教师们努力坚持每天都会做得更好。

园长怎样才能做到经常微笑呢？首先，园长要有一颗平常心，遇事不惊不怒；其次，有一颗宽容心，能包容你所爱戴的老师；最后，有一个好的心态，不因自己的喜怒迁移于人。一个微笑会在教师与园长之间建立一种默契与尊重。因此，一个园长只有善于调节自己，善于把握自己，才能让自己微笑着面对每一天。一定记住：别让你的心情影响你在教师心中的形象。

如果你做到以上几点，甚至更多，你会发现你在教师们的眼里，不再是高高在上的权威者，让人敬而远之，而是老师们的朋友，是和她们在同一个战壕并肩奋斗的"亲密战友"。你的慈爱、你的大方、你的魅力、你的温柔、你的智慧会永远与你在一起，与你的教师们在一起，亲密无间。而所有这些，都是顺利开展工作必不可少的重要条件。

改变从微笑开始吧！

（作者单位：山东省费县实验幼儿园）

5 从有为管理到无为管理

刘 莹

　　管是为了不管,从有为管理向无为管理迈进,需要经过一个相当长的过程。结合自己每天所从事的幼儿园管理工作进行反思,我认为,这就是一个不断提升管理经验、查找管理不足、寻找管理方向、逐步向无为管理迈进的过程。

策略一:规范管理是基础

　　规范有序、团结和谐的教育氛围,是幼儿园做好保教工作的基础。幼儿园可从不断改进完善并严谨落实各项制度做起,有效地创设和谐的教育环境,有效地促进教师的专业发展,为实施素质教育提供保证。

　　制度的建立健全,汇集成册,装订上墙,虽然需要努力才能做好,但这与落实制度相比较而言,还算是容易的。真正有难度的是将每项制度落实到位,促进幼儿园各部门及各工作岗位上的教职工尽职尽责地做好日常工作,切实地将各项制度落实。不同的幼儿园可通过分析现状,选择一种管理的主线,促进管理制度的落实,形成有序的工作环境。例如,我园就通过采取"落实制度与教职工利益挂钩"的措施,选择"以工作质量管理为主线,全方位科学管理幼儿园"作为日常管理的出发点和落脚点,并结合民主管理、目标管理、制度管理、计划管理等优势,协同工作质量管理一并落到实处,达到落实制度、提高办园水平的目的。

策略二：率先垂范是关键

孔子曰："其身正，不令而行；其身不正，虽令不行。"有句俗话说得好："喊破嗓子，不如做出样子。"这些都充分说明了作为园长率先垂范的重要性，同时也给园长率先垂范、提高人格魅力提出了要求。

园长的率先垂范体现在：

（1）幼儿园的规章制度提倡的，园长首先要做到；幼儿园的规章制度禁止的，园长首先不能做。

（2）能立足实际，制定幼儿园长远的发展规划；能带领教职工将发展规划逐一落到实处；能在规划落实后进行归纳总结，使其凝练成文字章程，明晰下一步规划目标。

（3）带领团队取得成功，帮助团队人员找到成功感、满足感，提高教职工的幸福指数；工作中遇到难题不惊慌，能指导、带领相关人员出谋划策，想出解决难题的办法。

策略三：教师发展是根本

提高教师的业务水平，是幼儿园的立园之本。可通过各类形式的培训，提高教师的日常工作质量，创设条件参与课题研究，给教师提供锻炼展示的机会等。

培训学习：幼儿园根据教师专业化发展近期发展实际及未来发展趋势，有针对性地选派人员参加学习。根据教育基本现代化发展实际，进一步培养教师驾驭信息技术的能力，侧重点放在"培训—应用—再培训—再应用"上。

全员参与：加强教学管理，研究制定提高教师日常工作质量的各环节及其评价标准，引导教师自觉、自愿地对照标准做好各项工作，管理人员以此为标准评价并引导教师工作。

课题研究：以课题研究为"抓手"，能促进幼儿园的快速发展，能使教师在课题研究中找到自己发展的空间与舞台，逐步养成"工作研究化、研究工作化"的良好习惯；能帮助教师制定专业化发展规划；也能促使幼儿园的各项工作具有一定的科学性，为幼儿园的科学决策与管理提供可靠的保证。

名师培养： 幼儿园可采用"以面促点、以点带面"的培养方法，不断加大对骨干教师培养的力度，使其逐步成熟，从而成为名师；使每一位教师都能承担公开教学，在专业化发展的道路上不断努力、成熟，层层递进地发展。

师徒手牵手帮带： 幼儿园可建立"师徒手牵手帮带小组"培养青年教师的机制，以此充分发挥骨干教师的辐射作用。"师徒手牵手帮带"活动，能促使帮带小组的教师，从教育教学、幼儿的常规培养、与家长沟通的艺术等三方面制订帮带计划。通过真诚交流、步步跟进、取长补短的措施，有效地促进青年教师的快速成长，实现师徒帮带双赢的目标。

策略四：奖惩激励是保证

幼儿园的教育、保育、膳食三大主岗的工作质量评价标准，都包含着工作职责是否尽到、规章制度是否落实的内容。围绕各岗工作质量的评价标准，分别由跟踪评价人员对其工作质量情况进行评定，每月 100 分的工作质量情况直接与当月绩效工资挂钩；每月工作质量的得分情况与年度考核挂钩，占到年度考核成绩的 60%；每年的年度考核成绩与一年一度的职称评定、教师评优及两年一次的职称聘任挂钩。

实践证明，规范有序的日常管理，能促进教职工工作的积极性、主动性和创造性的发挥，能使每位教职工实现工作责、权、利的平衡统一，有利于形成和谐进取、优质高效的团队。

策略五：分层管理是目标

根据各岗位教职工工作的自觉性及主动发展的意识程度，可以分层进行管理。对自觉及主动发展程度高的教师，跟踪评价可以适当减少，给其留下较大的自主发展空间；反之，管理评价及时跟踪，以期促进提高其自我管理的意识，养成自我管理的习惯，从而不断提高其"慎独"的能力。

例如，我园以前对教师的备课管理进行的是全面规范的管理，现已发展为分层管理：工作不足 5 年的年轻教师备课一律是"详案"；工作 5 年以上有经验的教师备课为"简案"；工作 10 年以上的骨干教师重点备一个学科领域，在熟悉一个学科领域的教育教学的基础上，再拓宽其强项领域，使自己的专业化水平得到不断提高。特别是在对年轻教师进行严格管理的同时，还要加大抽查和具体指导的力度，这样，其进步会比较明显。再如，我园为落实办园理念的显性物化环境的创设，各教学班一年要进行一次大的创设调整。为做好此项工作，规范管理部分是统一资金、统一工作日。自主部分是根据各班课程班本化的实施方案的不同，由各班三位教师协商确定资金如何支配使用，什么时间实施操作，是请人做还是自己做，是一个人做还是三个人同时做，等等。此项工作我园已探索实施 6 年，取得了突出效果，达到了环境育人的目的，具体的管理操作办法已有许多幼儿园采纳学习。

实践证明，从有为管理逐步向无为管理迈进发展是可行的，但与此同时，管理者与被管理者的综合素质也要逐步提高。

（作者单位：山东省济南市经五路幼儿园）

⑥ 从工作中收获快乐

刘乐珍

> 多分享，多交流！
>
> 多了解，多谅解！
>
> 多体恤，多关怀！
>
> 多合作，多开心！
>
> 多支持，多参与！
>
> 共享多多多多的好处！

这是香港的一所幼儿园的校训，它让我从中悟到很多，受益匪浅。前两年，我有幸参加教育部举办的"2008—2009学年内地与香港教师交流及协作计划"，在赴港工作期间，我分别到4所幼儿园开展两地教学研讨交流工作，把内地的教育观念、课程模式、教学方法等方面的经验与香港幼儿园的教师分享，亦尝试融合两地的教学方式，将内地的一些教学特色与香港的情境联系起来，使其发展成为香港本土化的特色，努力为两地的教学增添个性。与此同时，通过交流、合作，我也分享了香港幼儿园的特色教育和高效管理：如多元化的课程、人文化的规范管理，更领悟了幼儿园园长悦人悦己的管理智慧。

下面，通过两个案例给园长们一点启示：

案例一：把好心情带给大家

香港幼儿园的园长每天都会以饱满的热情、靓丽的衣着、灿烂的笑容、赞赏的语言迎接每个来园的孩子，她们用自己快乐的心情感染着孩子、影响着教师，正如童话故事中描述的："心情是可以传染给人的，请把笑声传染给朋友们吧！"的确，当孩子们和教师们看见校长如此阳光灿烂，心情也就随之轻松愉悦起来。同样，校长也会接收到大家更加愉悦的情绪回馈。

"工作就是要开开心心，我要时时在我的幼儿园里听见老师和孩子们的笑声！"这是香港宣道会上书房中英文幼稚园张校长的原话，她是这样说的，也是这样做的。我所看见的张园长总是乐乐呵呵地待人接物、应对工作，和老师在一起的她不但没有"官架"，反而像开心果一样逗大家开心，和孩子们在一起也没有长者的威严，而像个长不大的顽童，引得孩子们笑声连连。在她的带动下，在这所幼儿园你看不见烦恼，大家虽然都在忙碌着（工作量很大），但你可以时时处处听见园长、老师和孩子们欢快的歌声和笑声。

案例二：乐在其中

香港幼儿园的园长都很专业，她们通常会亲自抓教学，经常会随机进班查看教学活动。张园长也不例外，但有所不同的是，她通常不会带着笔记本进班去记录情况，指正教师的行为。她虽然也在用心地观察每个教师的教育行为、教学策略的运用，给教师以专业支持，但在活动中，她却是以幼儿玩伴的角色参与孩子们的游戏，她在不经意的愉悦的互动中拓展了孩子的思路，激励他们大胆改造，在不经意间渗透了自己的教育理念、不留痕迹地指导教师如何有效地实施教学，她总是让教师们从教学活动中自己得到更深的领悟。因此，这所幼儿园的教师会很重视每一次活动的设计与实施。

下面是张园长和一位小朋友共同解读《蔬菜朋友》（孩子画的是写实的蔬菜，缺乏童趣）作品的对话：

张园长："你画的是什么呀？"

幼儿："蔬菜宝宝呀！"

张园长："我想变成《灰姑娘》里的仙女，给你的蔬菜施魔法！"

幼儿："太好了，你快给它们施魔法！"

张园长："嘟嘟嘟——土豆宝宝快说话，嘀嘀嘀——黄瓜小姐快跳舞……"

于是这位小朋友就给蔬菜添画五官和四肢，让圆溜溜的大土豆变成了活泼可爱的会说话的土豆宝宝，让细细长长的黄瓜变成提着小红包跳舞的黄瓜小姐……

张园长："蔬菜宝宝现在都成了蔬菜小精灵了，我们来编一个蔬菜小精灵的故事，好吗？"

幼儿："好呀！"

幼儿和园长一起开心地编着故事，看到孩子们是那样富有童心，是那样真实与可爱。园长时而捧腹大笑，时而又撅着嘴、一个劲地摇着头对教师提出的问题表示疑惑并提出建议和要求……在一问一答中，园长开启了孩子们的思维。孩子们开心地讲述着自己编的故事，在讲述故事时，他们的描述为作品又增添了更多奇妙的想象。

孩子们被自己的作品打动，对作品爱不释手，向老师和同伴津津乐道。教师被园长的行为打动，领悟了如何灵活运用教学策略，开启幼儿的童心、童趣，同时提升了专业技能。而张园长也在与孩子们的热烈讨论和开怀大笑中，寻见了孩子的所见，感悟到了孩子的所知，分享到了孩子的快乐，享受到了工作的乐趣。

我很羡慕张园长，她把工作当成了乐趣、当成了一种享受。**教育的价值体现在让孩子获得成长的快乐，而教育工作管理者的价值体现在让员工和自己获得工作的快乐。期望各位园长能尽情地享受工作的乐趣。**

（作者单位：安徽省合肥市长江路幼儿园）

7 让我们轻松地工作

王 艳

按照教学计划，今天应该给孩子们上"5 的分合"这一课，看到园长来听课，想到今天只准备了两组小动物卡片，我心里顿时没谱了，园长会不会说我准备得不充分或环节太简单了呢？干脆换成美术活动吧。美术活动说起来简单，但因为没准备好，结果上得也并不如意，自然避免不了园长的一顿"好评"。不知为什么，明知道应该是按要求，备什么课就上什么课，但到了关键时刻总免不了会紧张。其实，老师们都很想对园长说："让我们轻松一点吧！"

教师们都知道，园长听课是实施作为管理者的职责，但如何听课其实也是一门学问。每位教师的心理承受能力都是不同的，一般来说，能上公开课的教师都是多次历练出来的，课上多了，各方面的能力也就得到了锻炼。而那些不是需要经常历练的教师其实也不能放弃锻炼，也要用适当的方法提高自身的业务能力，使自己能轻松地工作，不再"担惊受怕"。

一、不断与我们交流，拉近心与心的距离

有的园长喜欢"不怒自威"的感觉，有的园长"乐"于批评人，还有的园长喜欢做"撒手"园长……但不知这些园长知不知道，其实每个教师都非常想接近她们，想与她们交流思想，了解她们的生活观、价值观，想与她们有一种平等的感觉，想找机会把自己的小小的失误说给园长听。记得有一次与教师讨论完课程，闲聊幼儿园的情况时，有一位老师说："为什么园长不能像我们现在这样相互说说心里话，凡事商量着，想办法给予解

决呢?"我告诉她,其实园长是平易近人的,只是我们自己有点"心虚"罢了,不信你试试。这位老师急忙说:"不行不行,园长经常一脸的严肃,没有笑容。"正巧下楼时遇到园长,我立刻说,你看,园长不是在笑么?虽然当时园长确实露出了笑容,但她在老师的心里仍然是难以接近的。看来,要改变教师的畏惧心理,只有园长自己不断与教师交流,才能拉近相互之间的距离。

二、先让熟悉的教师参与活动,逐步提高心理承受能力

新一轮基础教育课程改革,给每位教师和教育管理者都提出了新的要求和挑战,教师自我素质的提高、教师的专业化发展,已经成为时代的呼声。这让我们明确认识到,幼儿园要发展,教师的专业技能必须提高,但要想进步、提高,靠我们自己"闭门造车"肯定不行。只有不断地突破旧有模式,通过旁观者的指点,再经过个人的反思,才能达到事半功倍的效果。我们想轻松地工作,不是要领导尽量避免让我们参加公开活动,相反,应该想办法让我们尽快适应各种场合的公开活动,让大家的专业技能逐步经得起"推敲"。要做到这一点,作为园长,应该有一个长远计划并坚持实行下去。

就拿平时上课来说,如果想锻炼那些不常上公开课的教师,可以利用私下里教师之间的关系为突破口,先让很熟悉的老师们相互听听课,相互学习经验、提出意见和建议等,逐步过渡到有其他教师直至有个别领导的参与,最后园长才加入其中。相信通过园长有心的培养,每位教师的心理承受能力都会得到不断提高,提升幼儿园的整体教学水平的目标也指日可待。

三、评价活动要以鼓励为主

人人都喜欢听到别人对自己的夸奖。每位教师都有自己的长处,每次活动也不都是一塌糊涂的,所以,请领导们用鼓励的眼光看待你的教师们,

让教师们在愉悦的氛围里接受领导们的建议，让教师们在专业上快乐地成长。

多年前的一件事情至今让我记忆犹新。有一次市里要举办晚会，要求每个幼儿园都要排节目，参与者要从年轻人中选拔。于是，分管园长就把年轻人都请出来站队选拔。一个新来的教师没被选上，但她非常想参加，所以当时就问："园长，为什么不选我参加？"这位园长张口就说："你那么矮，不行！"虽然这句话只有短短六个字，但却严重地伤害了这位教师的自尊心，使她多年来在工作上一直都不积极，更不要提发挥其潜力了。后来，这位老师极力要求调走，这才引起园长的重视，找到症结后，园长充分鼓励她发挥自己的美术天赋，这才逐渐地使她振作起来。我们为这件事也消极了许久，为什么园长们总是等到我们"生出病来"才会发现问题呢？

我想代表教师们说："园长，让我们成为朋友，其实你真的能让我们轻松地工作！"

（作者单位：安徽省界首市教育局教研室）

8 重视仪容仪表

张肖芹

仪表指的是什么？简单讲就是一个人的素养和形体的一种互相协调的外在表现。具体讲就是一个人的教养与形体给外界的整体感受，包括面部表情、着装以及动作等。所谓教师仪表，是指教师在从事教育、教务活动、履行职务时所必须遵守的礼仪规范。

美国著名教育家保罗·韦地博士曾概括出好教师应具备的12种素质，良好的仪表就是其中之一。建构良好的仪表形象是一个价值内化、形象选择和自我修饰的过程。强化职业规范的意识，将职业价值取向作为仪表形象选择的主要依据，并进行适时、适宜的调整，可以不断完善自身的仪表形象。

幼儿园教师的仪表是在职业规范的支配下所表现出的特有的气质和风度，是外在素养（仪表仪容）和内在素养（修养素质）的和谐统一。园长是幼儿园的管理者，幼儿教育事业的发展对幼儿园园长的仪表提出了更高的要求，要求园长有"腹有诗书气自华"的韵味，仪态、着装等遵循幼儿教育的特点与规范，并通过个人的精神面貌、言谈举止、着装打扮潜移默化地影响教师。

那么，作为管理者，园长应该有怎样的仪表呢？

一、仪表端庄、文雅有气质

园长的仪表对教师具有十分重要的教育和示范作用。园长每天在幼儿园里不仅要接待学生家长，还要不定期地向直属部门领导汇报工作，因此，每时每刻都会通过自己的情态、语言、着装、行为来展现自己的魅力。在各种场合，园长都要仪态得体、端庄大方，有教养，有艺术品位。

二、服饰有品味

著名形象设计大师庞德（Robert Pound）说过："服装是视觉工具，你能用它达到你的目的，你的整体展示——服装、身体、面目、态度为你打开凯旋、胜利之门，你的出现向世界传递你的权威、可信度、被喜爱度。"一个人的服饰在很大程度上会传递出她的各种信息，如她的职业、地位，她的愿望、追求，她的知识、修养，等等。喜欢美丽的服饰是所有女性的共性，园长也不例外。园长作为全园教师的引领者，她的衣着服饰是她与教师相处时传达给教师的第一信息，将对全园教师产生潜移默化的影响。整洁得体的服装将传递给人一种端庄大方、精明能干的印象，而一味追求新朝、时髦的服装会给人传递一种庸俗、品位低下的印象。因此，园长应注意使自己的服饰得体、有品味、有时代感，给人以美的享受。日常着装柔和、大方、典雅，以色彩柔和的职业装为佳，日常生活化妆要自然、大方、淡雅，与肤色、衣服相匹配。

三、言行举止，大方得体

园长的形象，不仅表现在她的衣着上，还表现在她的举止、谈吐、表情、态度上。著名教育家马卡连柯说过："教育工作者和学生一样，需要说话的时候才说话，需要说多少就说多少，不能随便靠在墙上和伏在桌上，不躺在沙发上，不随地吐痰，不抛掷烟头。"为了能留给教师良好的仪表印象，园长应注意使自己的谈吐文雅，神态自然、庄重，待人和蔼可亲。

四、精神面貌积极向上

精神面貌是园长形象的灵魂。如果一个园长看起来无精打采，那么，就算她有端庄的仪容、斯文的举止，也不可能成为仪表优秀的园长。新世纪的园长应该富有时代的气息，其精神面貌应同"进取"、"竞争"、"开拓"、"挑战"的时代精神合拍，给人以朝气蓬勃、振奋昂扬的形象。开办幼儿园是一个极其复杂而艰巨的过程，成功的过程充满艰辛、坎坷和磨难，没有良好的精神面貌，没有坚持不懈的努力，是不可能取得成功的。在幼儿园的发展道路上，园长必须具备坚韧不拔、锲而不舍的进取精神，只有具有积极向上的精神面貌，才能让教师们保持乐观向上的心理状态，从而全身心地投入工作、共同奋斗。

　　总之，教师是人类灵魂的工程师，肩负着教书育人、为人师表的神圣职责。园长作为幼儿园的管理者，其仪容、仪表对于员工的价值标准、审美标准的形成有着重要的示范和影响作用。因此，园长在任何场合都应保持良好的仪容、仪表，待人接物温和有气质，举止态度谦恭而自信，为人热情、真诚、落落大方，给员工树立一个值得尊敬又和蔼可亲的形象。

　　　　　　　　　　　　（作者单位：上海市浦东新区张江经典幼儿园）

创设信任、支持、合作的幼儿园文化

各园所都营造着不同的文化氛围，传递着不同的文化信息，积淀着不同的文化底蕴。文化建设到一定阶段，必将外显，外显的园所文化即是一个园所的品牌形象。只有坚持文化建设品牌的战略，提高园长和教师的品牌价值，升华师资队伍整体的文化内涵与品质，才能更好地实现品牌质量的承诺。

——安徽师范大学附属幼儿园　陶小玲

小鸟要生活在蓝天下，这样它才能在摔摔打打、磕磕碰碰中学会飞翔；孩子需要生活在大地上，这样他才能在跌跌爬爬、摇摇晃晃中学会走路。正如杜威所言："学校即社会，教育即生活。"幼儿园应该是一个真实的社会，应该让孩子体验真实的社会生活。

——南京师范大学道德教育研究所　刘晓东

当园长的教研管理有了一些新的视点后，应更加关注怎样做才能够唤起教师们思考和实践的愿望，怎样做才会更有实效性和人文性，怎样做才会更好地提升教研品质，以形成和改善全园的教研文化，协同教师们一起享受教育的美好人生。

——安徽省合肥市庐阳区教育局　方明惠

创设信任、支持、合作的幼儿园文化

吴玲玲

有研究表明，教师的教育行为主要受制于三个方面：一是观念；二是策略和技术；三是组织。教师是生活在组织中的人，他们的行为必定要受制于组织。而在以上三方面中，组织的制约尤为重要。教师们从自身的生命情怀出发，对自己置身其中的组织有着许多需要，如思想的交流、感情的沟通、生命的对话等。管理者应多关注教师们的生存状态，并承担这方面相应的管理责任。

由于幼儿园教师其工作的特殊性，园长更应该为她们营造适宜的幼儿园文化。一种适宜的幼儿园文化应该是赏识信任每位教师，为教师创造成功的机会，让她们可以体验成功的愉悦；为教师提供自我展示的平台，帮助教师开发教育智慧，让她们体验到成长的快乐，明确前行的方向；为教师提供合作的机会，提供教师反思的平台，因为教师的反思只有在借助群体时才能更有效。

一、民主决策——以信任文化激发教师的事业激情

赋予员工参与重要决策的权利和机会，使他们参与到幼儿园发展规划、校园制度制定、人员评价考核等各项重要事项中来。激发员工的主人翁精神，发挥员工的主动性和积极性，树立对幼儿园文化的认同感，自觉将个人专业成长目标和幼儿园的发展目标结合起来。

（一）共谋学校发展

树立共同愿景，凝聚人心，提高教师对幼儿园办学理念、办学目标的

认可度，是建立研究型校园文化的重要环节。比如，可通过亲子园园标征集、员工代表大会、家属联谊会等途径，有效地凝聚人心。

（二）共订校园制度

在确立规章制度和考核制度等决策行为上，以往都是由园领导规定好各种各样的制度，据此来管理员工的行为。这样的弊端是员工很被动，都是通过对文本的死记硬背来了解规章制度，这样易使员工对规章制度产生抵触情绪。我们可以改变自上而下的做法，在出台和修改制度之前，先发放意见征集稿，在广泛征集教职员工建议的基础上形成正式条文。这就调动了员工的主动性，他们对照自己的工作实际来理解、修改规章，让制度不再停留在文本上，而是成为了员工对照自己言行的"活化"的标尺。

（三）共评个人成长

考核和评价是学校管理中最敏感的环节之一，我们也提供了多样化的渠道和平台，让员工参与进来。比如，出台了优质保教活动展示、导师团展示、团队考核（班组、年级组）等方案，综合了员工自评、他评、园方评价多种形式，使评价和考核更透明、更公正，真正成为促进教师持续成长的"拐杖"。

二、现场办公——以支持文化建构教师发展的"脚手架"

"唯有关怀，才能把自己变成一把细腻的钥匙，进入别人的心中，了解别人。"管理者要和教师拥有共同语言，只有走进教学现场，通过"现场办公"的方式才能真正实现。管理者应当就在教学现场发现的问题及时与教师一起探讨，及时为教师提供教学资源和策略上的支持；应当在教学实践中研究教师的发展特点，为教师提供适合的培训方案。只有在合作研究和共享互动中，双方才能产生共鸣和喜悦，形成平等共进的管理关系。在此过程中，管理模式也从控制执行转换成资源支持。比如，我们出台了"员工个人发展规划"，园部对照教师的发展规划，寻找园部所应该提供的支持点，真正做好和发挥脚手架的作用。许多教师在发展规划中写道："提高自己的英语口语能力。"园部针对教师的规划，开展了"外教进校门"的活动，每周请外教给教师们上课，让教师们足不出户就能够接受培训。

通过支持性文化，教师真切地感受到，园长不再是拿着标尺、高高在上的评判者了。"园长是沟通者，为我们提供畅通的教育信息通道；园长是'脚手架'，为每一个教师搭建成长的平台；园长是合作者，和教师们一起研究教学，一起关注班中的每一件小事。所以，我期待她能进我的班听课，因为我会获得更多更多……"教师如是说。

三、分享平台——以合作文化鼓励教师间相互学习

幼儿园也是一个很容易陷入各自为政的场所。部门间、教师间、教师和管理者间常常会出现信息不通的情况。而一个有效的文化，应该是信息传递高效敏捷、反应快捷灵敏，便于合作分享的。

（一）多样的信息互通平台

园部应启用"一周工作安排"、"教研简报"、"随笔集锦"等日常渠道来构建信息沟通平台，让每个员工都能及时地了解园所内发生的事情，并据此来开展自己的工作。

（二）灵活的实践分享渠道

我们创设了"教师沙龙"、"中托论坛"、"优质教育活动展示"、"教研活动阶段报告"和"导师团带教"等多种灵活有效的渠道来鼓励教师间的经验分享，为教师共同学习创设机会和途径。轻松温馨的分享平台，既是情感共鸣的通道，能让教师排解困惑、汲取动力、轻装上阵；又是学习共进的通道，营造了中托浓郁的民间教研氛围和齐头并进的师资队伍。

在创新的校园文化中，管理不再是"管人理事"的简单注解，而应该

是帮助教师自我提升的过程。管理者应该成为教师心目中的"沟通者"、"支持者"和"合作者",为教师营造开放、宽松、支持性的环境,从而不断激发教师主动的自我改善行为。

(作者单位:中国福利会托儿所)

10 规划不是园长个人的事

陈 磊

又到了"三年一度"制定规划的时间了。经过前两轮规划的制定和实施，我尝到了规划带来的好处：管理更有目标性、计划性和科学性，幼儿园各项事业得到了持续发展。我也深深地认识到：形成一份良好的规划不仅仅是园长个人的事——只有管理者、员工和家长共同参与，积聚智慧、相互碰撞、产生共鸣，才能使规划目标更明晰、操作性更强、认可度更高，实现的可能性也就更大。

尤其是在这一轮的规划制定过程中，随着幼儿园的发展，我越来越发觉，一个成熟的幼儿园发展规划，仅靠园长一个人来制定是不可行的。要实现更进一步的发展就如同登山一般：越向上攀，空气越发稀薄，地势越发陡峭，甚至途中某处看不到上攀的路线……对于幼儿园园长来说，在制定规划过程中迫切需要某些外界的因素提供帮助和支持：可以是呼喊鼓劲的，可以是明示方向的，可以是提出具体建议的……于是我提议召开新规划制定的意见征询会，分批邀请领导、教职工、家长及相关专家来园，请他们就幼儿园的发展目标定位、课程资源的优势和劣势发表意见，为下一轮规划找出着力点和实施途径。

通过征询会，我们收集到了很多好点子——都是我们以往工作的盲点。如家长代表们提出希望幼儿园时常开展的家园共养课堂，今后可以借助网络平台来实现；董老师提出要加强名师带教辐射的作用，要让全体老师的业务水平有提高的机会；张老师提出要加强对新教师历史传承教育和基本保教常规的规范化培训；保育员老师则提出，要让保育员老师也参与到学校的"育婴师"培训计划中，让保育员也实现0~6岁教养技能全程化……

通过这次征询会，我们认识到，规划的制定和实施一定要走民主化的道路，只有充分体现参与主体的全面性、制定过程的协商性，才能达成发展目标和途径设定的适用性并确保实施的有效性。本着加强可操作性、便于开展的原则，我们可以把实际操作中的操作要点分为以下四个方面：

一、分层征询

教师是幼儿园规划的制定和实施的主体。规划的制定和实施不是园长一个人的事情，而是需要全体教师参与其中的过程。只有从教师中来的规划才能体现教师的想法，才能得到良好的执行。因此，制定规划过程时，首先是要发动教师，在教师中进行分层征询。各级教师对幼儿园的发展有着不同的想法，园长应该在园内选取具有代表性的教职工进行分层征询。

此外，一个良好的规划要能体现幼儿园教育体系中各个层面的参与者的想法和愿望。除教师外，教育局分管领导、退休教职工、家长等都能为幼儿园的发展提出建议。园长可以根据规划制定的需要邀请相关人员，分层开展意见征询，倾听大家的心声，了解大家对幼儿园办学的设想，从而采纳那些富有建设性的意见。

二、结构访谈

在召开分层征询活动时，如果参与者事先没有准备，在会上往往会无话可说，或泛泛而谈，收不到预期的效果。因此，要让征询活动收到实效，在进行征询活动前，园长要事先做好准备。

首先，要在管理层进行头脑风暴，寻找下一轮发展规划中的要点和难点，梳理成文，将其中有困难、有疑惑的问题提炼出来，形成分层征询活动的思考问题。

其次，要将思考问题提前发给参与人员，并让他们预先思考并在同层人员中进行求证。以问题的形式引发大家深入全面地思考，使与会者能聚焦核心问题，有的放矢地参与讨论，提出有效意见和设想，进一步补充和完善规划，充分发挥规划的引领作用。

三、开诚布公

园长对征询活动的重视程度会直接影响征询活动的实效，尤其是针对家长开展意见征询时。因此，园长在征询会上一定要开诚布公，让大家了解征询活动对幼儿园发展的意义和管理者对大家意见的重视等。

园长可以将上一轮规划的材料发放给大家，让大家了解幼儿园上一轮规划做了些什么，并介绍执行情况，然后认真地分析学校发展过程中的优势和困难，形成有话大家说的氛围，鼓励参与人员大胆质疑。

四、过程反馈

规划并不只是一个制定的过程，更重要的是执行和落实。在执行和落实的过程中，也要重视各方人员的参与，形成规划执行情况反馈例会制度。例如，我们会在每学期进行管理层和教研组长的规划执行的反馈活动，在每学年都会开展针对全体教职员工和家长的规划执行的反馈活动，让各方人员了解规划执行中的成果和问题，集思广益，不仅确保了规划的有效落实，而且更有力地推动了规划的发展。

（作者单位：中国福利会托儿所）

11 注重园所文化的建设

冯艳宏

每当外出学习培训、观摩参观，大家相互交流起来都有一种感觉：同一地区、同一级别的几所幼儿园，尽管硬件条件类似，但每一所幼儿园给人的感觉却大相径庭。有的让人印象深刻，流连忘返，回去后还要联系再次组织前往参观；有的则让人难忆起，没有什么印象。

现在，无论是乡镇还是城市的幼儿园，有些虽然场地宽阔，设备齐全，硬件设施一流，但给人的感觉却是松松垮垮、缺乏内涵；有些虽然房舍陈旧、硬件设施一般，但场地使用合理，环境布置优雅，给人的感觉非常舒适，洋溢着一种独特的文化氛围。这里面不乏历史悠久、环境一流、软硬兼备、内优外秀，堪称一流的名园。究其原因，是各家幼儿园的"内涵"不同，也就是说，园所文化存在着差异。

一所幼儿园的文化氛围决定了该园的办园品位，看一所幼儿园的环境如何，除了看其园舍、绿化等硬件条件外，更重要的还应看其是否具有和谐的人际关系和兼容并蓄的文化氛围。如果办园者只是津津乐道于园舍条件的优越，而忽视了精神的滋润和文化的熏陶，那么，这所幼儿园也只是一所普通的幼儿园而已。

一所幼儿园的文化内容、环境氛围，对与幼儿园有密切关系的人有着直接或间接的导向作用，深刻地影响着每位老师的思想品德和行为规范，影响着家长的言行举止和育儿理念，影响着孩子的身心健康和成长，因此，幼儿园文化所起的作用不可忽视。

园所文化是反映办园水平、管理理念以及园长素质高低程度的重要标志。园长作为决定着幼儿园保教质量和幼儿园发展方向的领导者，必须注重园所文化的创建。

那么，什么是园所文化呢？园所文化是社会文化的一种，与幼儿园的发展是同步的，是幼儿园全体老师在生活、学习和工作的过程中所共同拥有的信仰、态度、作风、行为准则和价值观念。它通常是通过园所的发展历史，形象标志，建筑设施，园所环境的创设，办园的管理模式，园风园训，老师的工作态度，师生关系以及幼儿园的升旗仪式、节日庆典、文体表演、毕业典礼等活动要素来体现的。

园所文化既有共性的一面，也有其鲜明的个性特征。因而，各家园所园舍建筑的规划、场地资源的使用、办园方向的定位、管理理念的形成、园风园训的内容、规章制度的制定、园本课程的确立、目标任务的确定、园旗园徽的设计、环境主题的统一、园花园树的选择、庆典活动的举行等各方面内容，都要遵循普遍性与特殊性相统一、继承性与创造性相统一、示范性与开放性相统一、趣味性与和谐性相统一的原则，这样才能使园所文化更具有号召力、感召力，从而起到规范、引导的作用。

园所文化建设的核心在于园所精神文化的培育，精神文化是幼儿园在办园过程中形成的最具特色、最有意义的一种文化。它是幼儿园群体在长期的教育教学实践中积淀起来的，在共同的心理和行为中体现出来的一种理念；它是一种潜在的力量，是一种在幼儿园能普遍得到教师和家长的认可，能够为大家所接受和推崇习惯和准则；它可以振奋人的精神，激励人的斗志，调节人的心理，规范人的行为——如开拓创新，勇于超越，务实勤奋，倾心敬业，认真做事，踏实做人；它不仅能引领全体教职员工发自内心地认同这些价值观念，而且能将这些共同认定的价值观落实到日常的行为规范中去。

通过园所文化的创建，应该让幼儿园内的一草一木、一事一景都染上浓郁的文化色彩，体现出一定的文化意蕴——环境整洁，格调优雅；让幼儿园的人、事、物都散发出相应的文化气息——积极向上，文明和谐；让幼儿园的规、章、制、约都成为"和煦的阳光"、"温馨的春雨"——润物细无声；让团结、友爱、智慧、理性、文明、高雅、乐学、善思、阳光、自信、快乐、健康、宽容、敬业、爱岗、务实、创新、开拓、进取等优秀品质对全体师生进行潜移默化的熏陶。

园所文化的建设是一项系统工程，在推进园所文化建设中，既要有正确的指导思想和目标，又要有系统的操作程序和完整的保障体系，不能追求花样、标新立异。要重视幼儿园的优良传统，传统是历史赋予各园文化建设的独特内涵，园所文化的建设应在幼儿园历史发展的基础上不断积淀，继承优良传统，凸现其文化特色，与时俱进，创新完善，并且要有充分发展的空间。要注重体现各园自身的地域特点、历史渊源和发展趋势，要吸取各家之长。始终坚持以格调高雅的主题环境熏陶人，以丰富多彩的文化活动教育人，以蓬勃向上的敬业精神激励人，以规范科学的规章制度约束人。

园所文化建设是促进幼儿园不断进步和发展的永恒主题，不仅在于美化环境、陶冶情操，更重要的是为幼儿园师生构筑一个良好的精神家园。不断积淀具有自身特色的文化底蕴，可以潜移默化地规范人们的行为习惯，全面促进孩子的身心健康，促进教师的专业成长，全方位促进幼儿园的蓬勃发展。

附

山东省滨州市实验幼儿园园所文化摘要（部分）

滨州市实验幼儿园，原名渤海区托儿所，始建于1945年，有"牛车上的摇篮"和"战火中的摇篮"之称；现今的新园是山东省最具办园特色的首届"十佳"幼儿园，由七座楼群组成，形似一只展翅飞翔的雏鹰。幼儿园的大门是一道七彩虹，门厅上方是象征希望的太阳和星星，因而将"七彩摇篮，阳光乐园"定为幼儿园的昵称，"雏鹰展翅，放飞希望"喻示的是幼儿园创设的人文环境。幼儿"诗画"是该园的园本课程，科研成果《幼儿"诗画"教学》入选教育部中国特级教师文库第一辑，由人民教育出版社出版，在全国各大新华书店发行。

办园方针：保教并重，智能结合，素质奠基，全方位进取。

办园思想：以德治园，科研兴园，特色立园，质量强园。

办园理念：营造爱的环境，让小朋友有一个快乐的童年，

搭建成功舞台，让教师的理想在幼儿园实现。

教育目标：促进幼儿体智德美能，身心健康，全面发展。

教改宗旨：单项突破，综合训练，知情意行，和谐发展。

园所精神：求真务实，创新发展，开拓进取，跨越超前。

教师专业成长："适应、成长、高原、反思"四循环。

幼儿发展目标：学做人学做事，从好习惯开始，从自理开始，从礼貌开始。

教师追求目标：关爱幼儿做慈母，喜爱岗位做表率，热爱事业做名师。

发展氛围：海阔凭鱼跃，天高任鸟飞。

家园合作：精心培育，携手共育，一切为了孩子，奠定幸福人生。

月季园花：花色鲜艳，花期最长；寓示美好，象征希望。

白杨园树：树干挺拔，积极向上；寓意活泼健康，苗壮成长。

园徽标志：《爱心奉献》、《雏鹰展翅》。

摇篮园歌：《我和祖国齐飞翔》。

（作者单位：山东省滨州市实验幼儿园）

12 以园所文化建设促品牌

陶小玲

园所文化建设，不仅是那长廊中的藤条蔓舞、花香四季，也不仅仅是那文化墙上彰显的办园理念与宗旨。园貌景观的文化雕琢固然重要，但更为重要的是科学管理渗透于日常生活中的每个环节所体现出的教育品质。例如，每天晨间和午睡前后播放动听的乐曲，科学制定两点一餐的营养食谱，规范教师、家长与孩子的言行等都是园所文化建设的具体体现。一所好的园所必然是一个好的"文化场"，通过"场"的引力凝聚智慧，通过"场"的势能约束行为，通过"场"的辐射激励师生，促进师生和谐健康的发展。加强园所文化建设可以从以下几个方面入手：

一、和谐建构内外关系

教育就是服务，是教师对孩子的服务，也是园长对教师的服务，更是园长和教师对家长的服务。

构建和谐的家园及社区关系是加强园所文化建设的核心。《幼儿园教育指导纲要（试行）》强调园所要与家庭、社区密切联系，形成教育合力。如在报名时发放《致家长的一封信》；园长主持召开新生家长会；为了减轻孩子的分离焦虑，组织为期一周的亲子活动等，这都是家园合作的良好开端；发挥家长委员会、家长和学校的作用，建立园所网站、班级博客；举行隆重的大班毕业典礼，每学期设计、发放、统计《家长问卷调查表》，并根据家长反馈的问题，及时反思与整改等一系列的交流与合作，都折射着园所文化建设的理念、内涵与价值。应特别关注的是，要规范园所礼仪文化，提升教师的职业形象和气质，倡导衣饰发型时尚不失端庄，活泼不失优雅，深沉不失亲和，要坚持以教师的专业情怀取信于人。

构建和谐的师生关系是加强园所文化建设的灵魂。加强师德建设，引领教师学会享有权利，履行义务，净化个人品行。当然，教师不是创造孩子美好未来的"工具"，教师也需要关怀，需要爱，需要获得专业发展，以成就其人生。园长需要保持身心和谐，改变自己与教师的苦乐观，消除职业倦怠，与教师共同提升职业幸福感。教师的基本权利要如何才能获得尊重？人的各种需求应如何才能获得满足？这是园长需要考虑的。衡量园长的"政绩"的标准主要取决于教师乐业、孩子幸福的程度。正如苏霍姆林斯基所说："教学大纲和教科书规定了给予学生的各种知识，但是却没有规定给予学生最重要的一样东西，这就是幸福。我们的教育信念应该是培养真正的人！让每一个自己培养出来的人都能幸福地度过自己的一生。"只有让教职员工幸福地、有尊严地工作，使她们的心中都充满爱，她们才能真诚地爱每一个孩子、开心地面对每一位家长。爱心育人，爱满园所，从而满足孩子们健康成长的需要。

构建和谐的园所内部关系是加强园所文化建设的前提。园所管理要体现以人为本、以"和"为贵，强调团结、合作，淡化个体工作指标和围绕个体工作指标而设计的各类奖励，奖励应只具体到团队，不到个人，不断改善团队内部的人际环境，促进行政服务组、教研组、年级组、班集体形成一支积极和谐的教育团队。园长的责任是建设制度，维护制度，为制度服务，让文化制度协调各种关系，缓解各类冲突。为此，新学期初，园长应把讨论修订园所制度作为第一要务，要聆听员工的心声，接纳员工的不同意见和建议，不断完善文化制度的制定并汇编成册，发放给每一位教职员工，以便当个人利益和园所利益发生冲突时，根据《制度手册》进行评判与抉择。在人人乐于遵守规章制度的过程中，将园所构建成和谐向上的文化"圣园"。

二、践行有效备课、教学与反思

魏书生说："校长的根在课堂。课堂是师生生命成长的殿堂。把课堂变成师生精神的天堂，校长责无旁贷。"践行教育教学过程的科学性，致力于园所文化建设的质量与价值追求，是园长们的当务之急。园长要排除万难，争取从繁杂的行政事务中走出来，走进教室，潜心于课堂，跟踪教学。园长必须加强对教师备课的有效管理，以集体备课作为园本教研的突破口，将集体备课的功能定位在研讨并解决问题上，避免集体备课成为教师照搬照抄的简单备课流程，让教师在集体备课的基础上结合本班的实际进行创造性的发挥和拓展。比如，"一课三研"连环跟进的教研模式，是促进年轻教师课堂成长的阶梯，精彩的课堂成就着孩子和教师。教研组通过对"一课三研"的反复观摩、反思，不断进行评价与修改，达到实践备课、教学与反思一体化，从而提高教师的备课与教学组织的能力，同时提升了教学质量。

"教学有法，教无定法"，园长要学会尊重每一位教师教学的个性。首先要激励教师"自我画像"，教师作为教育、教学过程的第一知情人，在评价过程中具有主体性，具有对自己行为的反思意识和能力。这种内部动机比外部压力更具有激励作用，可以鞭策教师在平时的工作中多思考，多审视，多调整，多积累。园长客观公正的评价和有的放矢的指导，给教师以明确的目标激励和信心激励，让教师产生一种被信任感和对教学工作的责任感，使教师的个人发展目标和幼儿园的发展目标相一致，最终得到共同成长与发展。

三、勤于实践，科学发展

园长与教师是传递文化信息的主要载体，加强继续教育工作是提高园长和教师文化修养的有效途径，是打造高素质师资队伍的关键。

很多园所没有切实制定或落实园务计划、教研计划、班务计划，工作茫然无序致使师生成长滞后。加强园所文化建设，首先，要制定园所师资队伍发展规划、继续教育年度工作计划、个人长期和短期发展计划；其次，追加继续教育经费投入，激励教师积极参加教育行政机构的集中培训、园本培训与自我培训；最后，专家引领年级组教研和学科组教研层层务实，委派教师外出学习，广泛吸收全国各地先进园所的优质文化内涵。

记得 2009 年在某市的一次论文评比活动中，参评的 131 篇论文中有百分之七十是整篇一字不漏的下载，教师真实的想法很少。也许幼儿教师不是不懂得尊重他人的知识产权，而是终日被日常琐事束缚，无心读书思考与笔耕。人的境界取决于人的视野，书籍是人类进步的阶梯。园长要带领教师学会从贫乏的精神生活中解放出来，成为造就书香园所的实践者、与时俱进的文化人。率先潜入书海，甄选出值得推荐给教师研读的书籍。唯有园长带头读书，并成为书香园所的积极倡导者，教师才会崇尚读书。然而，很多民办幼儿园园长和教师连《幼儿园教育指导纲要（试行）》都从未见过。大多数公办幼儿园的阅览室，要么书籍少而陈旧，教师根本不知道阅览室有什么书；要么很多教师满怀热忱地借了图书，却不及时阅读也不及时归还。因此，园所应该追加购买图书的经费，不断新增富有教育意义的哲理性书籍、专业知识与技能书籍及优质教参。加强图书管理工作，定期公布书籍的更新与外借及归还的相关信息。既便于教师查看，也能促使教师快速阅读，定期归还，增加阅读量。还可组织教师成立"相约周末"阅读交流会，以团队的力量和智慧提升读书的精度与广度，通过各种有效途径使书籍真正地流动起来，使"书香满园"，让读书成为教师品味"精神宴席"的一种生活方式。

总而言之，**各园所都营造着不同的文化氛围，传递着不同的文化信息，积淀着不同的文化底蕴。文化建设到一定阶段，必将外显，外显的园所文化即是一个园所的品牌形象。只有坚持文化建设品牌的战略，提高园长和教师的品牌价值，升华师资队伍整体的文化内涵与品质，才能更好地实现品牌质量的承诺。**

（作者单位：安徽师范大学附属幼儿园）

13 科学、专业地塑造幼儿园形象

周丛笑

把 CI（企业形象）战略引入园所形象设计，可较好地解决幼儿园整体形象的定位问题。CI 包括三方面的内容，即 MI（Mind Identity）——理念识别系统、BI（Behaviour Identity）——行为识别系统和 VI（Visual Identity）——视觉识别系统。从整体上看，CI 有两个基本特征，一是独特的识别性，它从根本上把一所幼儿园与另一所幼儿园区别开来；二是同一的系统性，三大系统之间以及各子系统之间是相互关联、和谐一致的。可见，把 CI 战略引入幼儿园形象设计，不仅能为幼儿园的建设确定明确的目标，使幼儿园由内到外都有一个和谐统一的定位，而且还以鲜明的个性形象呈现在公众面前，增强了幼儿园的凝聚力和吸引力。

一、幼儿园理念识别形象系统设计

幼儿园理念识别形象系统是幼儿园 CI 系统的核心，它是协调整个幼儿园内外关系及发展的灵魂。它由幼儿园整体价值观（幼儿园精神）以及各种观念、意识及价值取向等组成。幼儿园形象的理念识别所要达到的目的，是让公众认识幼儿园的历史、发展以及人文价值目标。

幼儿园理念形象设计，最关键的一点就是给幼儿园科学的理念定位。幼儿园理念的设计应以展现幼儿园的优秀文化个性为出发点，以幼儿园人文精神为核心内容，并依据当前的教育形式，幼儿园的发展历史、现状规模、办学特点等，结合时代特征，本着个性化、人文化的原则，科学定位幼儿园的发展方向和办园宗旨。

幼儿园理念形象的设计要经过提案、调研，现状分析，调查材料的分析与研究，设计思路的确定、理念内容的确定，完成理念手册等程序、步骤。它主要是对幼儿园的价值观、教育思想、园训园风、管理、发展等基本模块进行总结、提炼、重塑、提升。将全员的士气凝聚在一起，并对他们的行为进行规范和引导，打造全新的、个性的幼儿园理念文化，从而树立起幼儿园新形象。

幼儿园的理念定位和人文价值目标确定后，幼儿园的整体风格应该受到幼儿园理念的支配和定格。比如，幼儿园的建筑风格应该体现出幼儿园的品位，使幼儿园形象具有艺术性、开放性、教育性和可识别性；幼儿园的"人"的精神面貌也由幼儿园的理念确定，使其表现出深厚的文化素养，如有爱心、讲奉献、重教育、重视礼仪、关注细节等。为此，应在员工中广泛进行人生价值观教育，建立新型的人际关系，改变少数人的不良形象，用崇高的道德风尚塑造人、陶冶人，从而树立起幼儿园员工的良好形象。

二、幼儿园行为识别形象系统设计

幼儿园行为识别形象，主要指幼儿园工作人员的行为活动，如对外接待、教育教学、日常起居、文体社交、组织管理、职业培训、公益活动以及习俗与宗教活动等。所包括的形象有领导形象、员工形象、幼儿形象、家长形象等。行为识别是动态的形象塑造，其动力源于理念。幼儿园行为识别的外在形式体现在各种具体的行动之中，如组织、管理、教育、保育、研究以及各种社会公益活动、文娱体育活动等。幼儿园行为形象中的领导形象尤为重要，因为领导直接经营和管理这所幼儿园，用各种规章来规范员工、幼儿、家长的行为，策划和组织对这所幼儿园有影响力的活动，以带动整个园所的行为活动。领导的一言一行直接影响着幼儿园的行为活动。因此，领导的形象首先是一个高效、廉洁的形象，是尊重幼儿、尊重家长、尊重员工、服务幼儿、服务家长、服务员工的形象。

幼儿园的 BI 设计，除狠抓员工、幼儿、家长的行为规范外，还须开展丰富多彩的幼儿园文化活动与学术交流活动，并营造良好的礼仪环境和语言环境。

三、幼儿园视觉识别形象系统设计

幼儿园视觉识别形象是指幼儿园的外观形象，是幼儿园理念和行为的外在表现，它包括幼儿园的布局、建筑风格、绿地空间、景观标志、环境建设与卫生，以及员工、幼儿的穿着举止等可以用眼睛看到的东西。视觉识别设计的目的是使所有到幼儿园来访的客人，首先在视觉上对幼儿园产生良好的第一印象。

视觉识别体系是一套完整的宣传体系，是一种全方位的视觉扩张。"VI"体系实际上是对幼儿园形象的规范化、定向性设计，表达了幼儿园形象及其在各种场合出现时的标准化的视觉传播方法。具体包括：

园徽：园徽是代表园所的徽章，是园所的标志和象征，是幼儿园办园理念、办园特色、人文精神的集中体现，是幼儿园的象征性标识。园徽设计应通过一定的图案、色调、文字和式样，体现幼儿园的办园方向、教育目标、理念精神和鲜明特色。园徽确定后，要反复出现在幼儿园的公共展示物上。

园旗：园旗也是园所的一种标志，是幼儿园的象征。它通过一定的式样、色彩和图案反映一所幼儿园的办园特色和历史文化传统。园旗可分为桌旗、串旗、持旗和挂旗四种。其中，桌旗主要用于幼儿园各部门在办公室摆放；串旗旗面一般可用不同的颜色，主要用于幼儿园举办各种重大活动时在园内悬挂；持旗和挂旗主要用于幼儿园重要室内外场所悬挂以及各部门（班级）在外出活动或对外活动中使用。桌旗、串旗、持旗和挂旗应有不同的旗号标准。

园训：园训是一所幼儿园的灵魂。园训体现了一所幼儿园的办园传统，代表着园所文化和教育理念，是人文精神的高度凝练，也是幼儿园历史和文化的积淀。一所老牌幼儿园的园训，不但为我们打开其历史文化之门提供了一把金钥匙，而且为我们眺望其精神家园打开了一扇窗户。园训，作为一个标尺，可以激励和劝勉在园的教师和孩子们，即使是离开幼儿园多年的人也会将园训时刻铭记在心。它同样是一种文化，是一种面向社会的精神标志，能为幼儿园起到一定的宣传作用。

园服：园服是园所规定的统一样式的员工服装和幼儿服装。男式园服要阳刚帅气，女式园服应娴雅可爱，要能体现出幼儿园师生应有的活泼好动、生气勃勃的特性。其中幼儿的园服还应体现出年龄、性别上的差异，各年龄段在款式结构上应有区别，应能体现不同年龄段孩子的心理和生理特征，且保证质量，从而使学生日常所穿着的服装也能起到良好的美育作用。

园所主色调：每所幼儿园都应有自己的主色调。由于色彩具有区别、象征、联想等心理效应，与幼儿园不同的地域、园舍条件和办园理念、风俗特征联系到了一起。幼儿园的主色调可展开讨论后确定。而一旦确定后，其园所的建筑、装饰以及桌椅床铺等都应采用主色调或围绕主色调而变化。除主色调外，还可规定与之相和谐的辅色调及其组合。

园所宣传品：每隔一段时期，要统一对外宣传的口径，制作统一的宣传画册（或礼品书或电视专题片）。园徽和园所的主色调必须广泛运用在这些宣传品上。

幼儿园环境建设：婴幼儿在与环境（人、物、时、空）的相互作用中成长。因此，作为环境建设的两个重要方面——物质和空间建设，一方面，应整洁有序、祥和温馨，体现童趣和教育性；另一方面，应体现幼儿园的办园观念、价值取向等。

标志性的文化设施建设：标志性的文化设施是幼儿园形象的最直观的表现，是幼儿园文化发展的物质基础，是幼儿园现代文明的象征。每所幼儿园都有自己的特色和个性，标志性的文化设施正是这种特色和个性的集中体现。例如南京鼓楼幼儿园的陈鹤琴雕像（纪念馆），上海宋庆龄幼儿园的宋庆龄雕像等，都为各自的园所增添了风采和魅力。标志性的文化设施建设应该既折射出幼儿园的历史文化，又富有浓厚的时代特征，成为一所幼儿园的象征。

（作者单位：湖南省教育科学研究院）

14 儿童的成长需要开放的社会生态环境

刘晓东

《孟母择邻》的故事朴实地表达了这样一个道理：在儿童的成长过程中，环境起着极其重要的作用。成人应尽量为孩子提供良好的环境。

明白了环境对孩子成长起到的重要作用后，许多家长有意无意地走上了极端，试图为孩子寻找一个不可能存在的完美环境。譬如，有的家长特别关心自己孩子所在小组成员的出身，特别关心与自己孩子邻坐的孩子、午睡邻铺孩子的情况等。这样的考虑出发点虽然是好的，但是这些家长头脑中的理想环境是很难找到的。于是，有些家长干脆将孩子留在家里，不让孩子外出活动。所以，作为园长，首先应该明白这样的道理，不要试图使自己的幼儿园成为一个纯净的玻璃之城，而应该让孩子在幼儿园中体验到各种复杂的社会关系，习得各种社会交往技能。

社会是复杂的，孩子也不可能永远生活在家长身边，孩子终究是要迈入社会的——那里既有阳光，也有阴影；既有正义，也有邪恶；既有进步，也有落后……他有可能遇到形形色色的事情，他要同各种各样的人交往。如果家长将孩子关在为他塑造好的"理想"的环境里，那么，当孩子长大成人进入社会后，他将发现社会决不是他曾经认识和适应的"社会"。对于现实中复杂的社会环境，由于缺乏一些锻炼和考验，他会面临比一般的孩子更多的迷茫、挫折和挑战。

"水至清则无鱼"。儿童需要一个斑斓多姿的社会生态环境，那里有甜草莓，也有毒蘑菇；那里存在着善良，也可能隐藏着邪恶……我们要让孩子知道，什么是甜草莓，什么是毒蘑菇；什么是有益的，什么是有害的；

什么是对的、好的，什么是错的、坏的；什么是可以接受的，什么是必须拒绝的……只有让儿童生活在现实的社会生态环境中，我们才有可能使孩子把这一切认清楚。

家长固然要考虑环境对孩子成长的影响，尽量为孩子提供良好的环境，但决不能因此而限制孩子接触社会，而仅仅让他在一个狭小的圈子里生活。孩子也是人，是一个具有社会性的人。孩子只有在与同伴的交往过程中，才能学会在平等的基础上协调各种关系，才能学会用适当的方式表达自己的愿望，学会领导别人和被人领导，学会与同伴友好相处、合作互助、同情和分享。如果在幼儿园里刻意创设一个与世隔绝的世界，那么，孩子永远也学不会社会生活所需的技能和本领。

让孩子生活在一个狭小的圈子里，不仅剥夺了孩子在交往中的欢乐和相互学习的机会，而且人为地增加了孩子成长中的烦恼。这是因为，目前的孩子几乎都是独生子女，他们没有与兄弟姐妹共同生活的经验，容易形成感情上、认识上的自我为中心，不善于体会其他孩子的思想情感，难于体验与其他孩子分享的欢乐；同时，由于他们在家庭中缺乏可供模仿、相互交往的同伴，而只是与成人交往，因而他们容易形成说大人话、做大人事的"早熟"倾向，很小就承受了与其年龄不相符合的压力和痛苦，使他们过早失去了童年的天真、幻想、甜蜜和欢乐。

孩子有自己的身心特点，有自己独特的世界，同龄的伙伴之间容易有一种天然的心理沟通，孩子与同伴在一起，有一种成人无法给予也无法分享的快乐。所以，成人不要有意阻止孩子进入他们"自己的世界"。

孩子们在一起有他们的乐趣，也免不了对立争吵，而这种对立争吵一般并无故意敌对的成分，因此它通常没有伤害性，是孩子交往过程中不可避免的现象。作为园长，应该指导教师不必对孩子的争吵太过紧张，而应及时公正地引导孩子分清是非，学会适当地协调不同需求之间的冲突。争吵固然是件坏事，但在家长处理得当的情况下，孩子也可以多了解一些是非观念，多掌握一些交往技巧。俗话说，"吃一堑长一智"，坏事有时是可以变成好事的。

宇宙间的一切事物都存在着普遍联系。万事万物时时刻刻都在运动变化，吐故纳新，人与周围环境也在时时刻刻进行着物质与能量的信息交流。儿童只有在广阔的自然环境和社会环境中，才有可能充分汲取成长所必需的各种营养，才能如家长所期望的那样茁壮成长。请不要"画地为牢"，将孩子封闭在一个狭隘的生活圈子里，那样非但不会有益于孩子的发展，反而会使孩子变成见识短浅的"井底之蛙"。

"外面的世界很精彩，外面的世界很无奈。"你不可能总把孩子抱在怀里，也不可能总让孩子生活在温室中。总有一天，他要迈出学校，走向社会。**小鸟要生活在蓝天下，这样它才能在摔摔打打、磕磕碰碰中学会飞翔；孩子需要生活在大地上，这样他才能在跌跌爬爬、摇摇晃晃中学会走路。正如杜威所言："学校即社会，教育即生活。"幼儿园应该是一个真实的社会，应该让孩子体验真实的社会生活。**

（作者单位：南京师范大学道德教育研究所）

15 创造比"拿"更快乐的"给"的环境

王 艳

有一则幽默：池塘里落入一人，路过者伸手去拉他，说："把你的手给我。"那人不给。路过者又说："给你我的手。"那人迅速拉住并得救。同样是"给"，表示的却是"拿"与"给"两种含义。

"给"即付出、帮助，"拿"即取得、索取。教师们都知道，在教学以及平时生活中需要培养幼儿"帮助别人"——"给"的意识，让他们知道人生的快乐不仅在于索取，更重要的是付出。但在当今社会名利观的熏陶下，"给"的意识渐渐被淡化，甚至被遗忘。特别是在目前多数孩子都是独生子女的情况下，他们只知道关心这件事对自己有没有好处。如果父母、教师再不注意对孩子的良好影响和教育，久而久之，孩子们就会慢慢形成做事就是为了"拿"的思想意识，而意识不到"给"的重要性。举个实例：肖涵涵是独生子女，这天家里来了小客人，给她带来了好吃的巧克力。然而，在大人们说话的时候，却传来了哭闹声，原来是因为小客人想玩肖涵涵的芭比娃娃，她很不乐意，所以两个孩子就发生了冲突。两家大人怎么劝都不行，最后只得转移孩子的注意力，这才避免了因孩子而引起的尴尬。

工作中也不乏这样的个案，幼儿园一旦新购进一批教学用品，让教师们去领时，他们都非常迅速，而当某样东西急缺让大家拿出来时，大家却都不情愿。另外，领奖金与献爱心的速度差距之大，也让我们深感，为了更好地教育幼儿，使教师形成对"给"与"拿"的正确认识十分必要。

孔子曰："己所不欲，勿施于人。"意思是自己不希望别人怎样对待自己，自己首先就不要那样对待别人。

园长如果发现教师中"给"与"拿"的信念存在了问题，并希望她们加以修正，那么，首先应反省自己是否做到了，而不要经常埋怨教师们不理解自己，自己为了幼儿园是如何的辛苦等。试想，得不到大家的认可难道不是自己"给"的还不够吗？常言道："身教胜于言教。"工作中，园长要用实际行动去感化教师，做些实实在在的事。例如，看见地上有纸片亲自去捡，关心情绪不对的教师、幼儿，伸手给孩子整理衣服等。让大家看看园长是怎样做的，在潜移默化中影响她们，改变她们的思想、观念，并树立起良好的模范作用，让她们充分感受到付出是快乐的。

然后，还要要求班子人员做到凡事多奉献，少索取。若达不到这个境界，那么，如何在教师面前有说服力，如何让教师去教育好孩子，又如何形成良好的教育氛围呢？

园长要经常与教师交流，以增强她们的职业幸福感。让教师看到幼儿会进步，他们逐步丢掉坏习惯，与别人相互谦让、友好相处，班级变得更和谐，等等，与她们的付出是分不开的，这不也是一种快乐吗？当孩子模仿她们的正确行为，甚至有心的孩子向其投以敬慕的眼光，或在教师节送上一份小小的礼物时，教师们都可以享受到自己的职业快乐。当教师和幼儿内化了对"给"的理解时，他们也就在无形中分享着"给予"的快乐，良好的氛围自然就会形成。

我们每天享受着人们给我们的爱，闭上眼去感受，这是一份快乐；当自己付出爱时，去体会别人接受爱的感受，这又是一份特殊的快乐——"给"的快乐。作为园长，我们有更多的机会和条件去帮助别人，在学习、工作、生活中多为别人着想，那么，我们的人生就是辉煌的，幼儿园就会充满爱。让我们做一个奉献快乐的园长，每天都在被人"感谢"的快乐中生活。

（作者单位：安徽省界首市教育局教研室）

16 让幼儿园的门口会"说话"

吴 萍

幼儿园的园长，总会将幼儿园的教育教学质量摆在第一位，也会重视幼儿园教育环境的创设，却往往会忽略幼儿园门口的环境创设。也许园长认为幼儿园门口的环境创设不重要，只要能让人了解幼儿园的名字，有一个醒目的门楼即可。难道幼儿园门口的环境创设真的不重要吗？

"瑞吉欧教育"认为，环境是教育的一个组成部分，学校没有一处无用的环境，每个学校都拥有自己的环境，因为每个学校的环境都是根据幼儿、家长、教师的需要创设的。而环境心理学家库尔特·勒温（Kurt Lewin）说过："人的行为是人和环境相互作用的结果。"

幼儿园门口是幼儿园的"门面"，家长与幼儿来到幼儿园，首先看到的就是幼儿园门口，这就使他们产生了对幼儿园的第一印象。何谓第一印象呢？即在与陌生人交往的过程中，所得到的有关对方的最初印象。第一印象并非总是正确的，但却总是最鲜明、最牢固的，并且决定着以后双方交往的过程。"成见效应"与第一印象有着密切的关系，第一印象往往是形成成见效应的基础，成见效应往往是第一印象的加深和拓展。在社会实践中，因第一印象在用人上造成的失误，古今中外是不乏其例的。所以，管理者既要重视第一印象，又要尽量避免因第一印象而造成的认识上的错误。因此，幼儿园要想吸引家长与幼儿，首先就要重视幼儿园门口的环境创设，让幼儿园的门口"说话"，用每一个精心的布置向来访者、家长传达学校的概况，让人一目了然，而无须语言解释和说明。

幼儿园的门口包括大门、传达室、长廊（大门通往幼儿园主楼的过道部分）。

　　大门上一般都是幼儿园的名称，也可以在空着的位置挂上幼儿园获得的一些荣誉牌匾。传达室内一般有书桌、书报架和椅子。长廊的两边一般设有橱窗，介绍幼儿园的基本情况。因此，幼儿园门口的环境创设应注意以下两点。

　　第一，要精美，凸显幼儿园的档次。每一位家长都希望将自己的孩子送到一所好的幼儿园。幼儿园门口的环境如果比较美观，很有特色和品位，就会给人留下深刻的印象。正如我们去环境舒适、精美的百货店，会觉得里面的货物质量很好，愿意出较高的价钱买里面的货物，而去一些摊铺，就会觉得货物质量较差，只愿意出较少的价钱购买。

　　也许有园长会说园内经费不足，不能用档次高的材料。其实并不是钱用得越多越好，我们可以用小钱办大事，用点缀物提升幼儿园的档次，在盆景、灯饰、门牌设计等上面花心思。如我们在传达室里摆一盆比较高雅的盆景，就会使传达室的整个品位到了提升；或者在橱窗的设计上下点工夫，加点下垂的缎带，摆上一个漂亮的花瓶等，就会为橱窗增色不少。珠海有一所幼儿园，他们将幼儿园的名字刻在一块浮雕的石头墙面上，第一眼就让人觉得这所幼儿园很不错。

　　第二，要完善，彰显幼儿园的特色。幼儿园的门口虽然不大，但可以展示的内容却很多，因此，我们一定要将幼儿园的特色表现出来。我们一般是将幼儿园的名字挂在主要位置，两边有空余的地方可以挂幼儿园的一些荣誉牌匾。如果幼儿园的荣誉牌匾很多，那我们就要加以选择，选择家长最感兴趣的、最能体现幼儿园办园水准的内容。家长对什么最感兴趣呢？我想，莫过于幼儿园有什么教育特色、幼儿园取得了什么教学荣誉，如省一级"一类幼儿园"、"全国双语教育实验园"等。但要注意：颁发荣誉牌匾的部门要正规、越具权威性越好。

　　幼儿园的传达室可以增设书报架、饮水机、一次性纸杯等，让家长觉得幼儿园的服务很到位。每次家长接幼儿时，可以在此休息片刻。

长廊两边的橱窗内介绍幼儿园的内容，要体现幼儿园的办园理念及办园特色。可以涵盖以下内容：

　　（1）园所简介，即幼儿园名称、位置、面积、环境、管理模式、师资队伍、办园特色等。

　　（2）幼儿园文化的基本内涵，即园训、园风、教育理念、办园宗旨、办园目标、团队精神等。

　　（3）招生简章，即招生对象、报名方法、收费标准、其他说明（班级人员配备、班级设施）等。

　　（4）幼儿园的一些精彩的照片，可以包括教育教研、交流示范、幼儿活动、艺术教育、亲子活动等，并配上简短的文字说明。

　　园长们，让我们发动教师一起行动起来，精心设计幼儿园的门口吧。请相信，经过对园所的着力打造，幼儿园的门口一定会"开口说话"！

　　　　　　　　　　　（作者单位：湖南省长沙市政府机关第三幼儿园）

17 努力促进幼儿园教研文化的形成

方明惠

如何将教研管理提到更高的视点上，怎样真正形成和改变幼儿园的教研文化，有效促进幼儿园教师和孩子们健康地、可持续性地发展，是每一位有责任心、有理想的园长的必然追求。

幼儿园教研文化是指幼儿园在长期活动中形成、发展和积淀下来的文化，它是整个幼儿园历史背景和文化底蕴的一种总和，也是全园教师共同遵循的价值观念和行为方式的总和。园长作为幼儿园的管理者，必须树立起科学人文的管理意识，运用自己的知识、经验和智慧，通过富有创造性的方式和策略，逐步完善幼儿园的教研组织架构，逐步建立和完善有助于教研活动可持续发展的教研制度；努力营造合作协调而又平等的教研氛围，并适时地为教师们提供专业上的支持与帮扶，从而有效地激发教师们的教研热情，切实保障教研工作有序地进行；还要充分调动各层面的教研力量，发挥团队的拉动和辐射作用，建构并拓展交流合作的平台，挖掘和提高教师的教育实践能力，培植和提升幼儿园教研活动的品质。

一、在引领中"促"

只有让教师们先行动起来，才能使全园教研工作走向制度化和常态化；只有让教师们在具体感性的活动中充分感知，才能激起教师们去发现、思考、探索和解决各种实际问题的兴趣。

一是要植根教研的种子。在教研文化的形成中，园长的理念和行为至关重要。一个园长的教研意识往往决定着整所幼儿园的研究氛围和力量。

每一位园长都应该充分认识到只有具有研究氛围的幼儿园才能吸引优秀的人才。因此，园长要具有清晰的教研意识和坚定的教研信念，激发投身研修的热情和创造性，并通过自身的表率作用以及在时间、经费和评价机制等方面带动和支持本园的教育研究工作。

二是要借助行政的推力。一项工作的推动，有时必须要有行政的推动力量。不是强行地推动，而是在活动过程中以教师的实际收获来吸引，是一种自然的引力和向心力。避免使用简单的发号施令，要聚焦在具体活动中的合作和服务，形成彼此接纳、彼此互助、彼此包容、彼此共进的友好氛围。

三是要增强团队的力量。各类幼儿园要根据自身的条件，形成不同层面的学习共同体。一方面积极与市区、省市一类幼儿园联系，让本园教师和教坛新星、骨干教师形成跨园所的共同体；一方面发挥本园的资源优势，结合具体的研究课题进行有机组合，形成本园所的共同体。这些旨在创设互为支持的交流环境，让教师们"融为一体"，共同对事物进行观察与解读、实践与思考，共同寻找和提升教育智慧，共同感受教研的快乐与成功。

二、在浸润中"化"

文化重在"化"，具有润物细无声般的浸染意味。园长要善于通过丰富多彩的活动来自然地感染教师，促进其专业成长。

一是要相信教师们的实力和潜能。所谓"聚沙成塔"，让每一位教师都动起来并都动出各自应有的风采，那才是园长所追求的目标。首先，组织有质量的教研活动，鼓励教师们积极参加；其次，利用各种渠道和途径帮助教师们寻找专业上的支持与帮助，使教师们感受到群体的力量；再次，帮助教师们找到自己的优势和不足，找准落脚点和切入口，不盲目跟从，找准位置并能够不断地调整和转换，引导教师们发现、保持并发展自己的优势，从而及时地找到自我，树立信心，不断进步。

二是通过具体活动的促动。园长可以召集教研组长、年级组长和教师们一起协商，根据省市相关计划并结合本区实际，做好"上下"和"前后"的衔接。在制定计划时要体现出民主化、系列化和主题化特点。民主化可以有效地调动广大教师的积极性，使教师生成"我的教研我做主"的自豪感，更有一种"我的教研我负责"的责任感；系列化，可以有效地督促管理人员和教师连续跟进，树立课题意识，不断反思、不断调整、不断改进教研的内容和方式，不断提高教研质量；主题化，可以有效地鼓励教师根据班级的实际，找准不同的切入口，从不同的领域和角度去开展不同层次的、系列化的教研活动，更好地体现教研的丰富性和多样性。

作为园长要有一种博大的胸怀，要以一种平和的心态去对待教师的"发展不平衡"。有一些教师刚开始会游离于集体，身心的投入度都不高，活动中只带着耳朵和眼睛，不发表任何意见。园长可以采取先自由讨论，再在小组内交流，最后才采取大会交流的方式。让教师们有酝酿和调适的过程，让教师先在小范围内获得认同，带着这种愉悦的心理，有底气也敢于在集体面前发言了。渐渐地让教师感觉到研讨是平等、自然的，不是评定谁好谁不好，而是通过探讨，各抒己见，以便引发更多的思考，探寻还可以怎么做会更好等。这样，教师的包袱扔下了，兴趣提升了，教研的氛围也逐渐形成，资源共享、共同实践、共同发展的雏形也就自然显现出来了。

当园长的教研管理有了一些新的视点后，应更加关注怎样做才能够唤起教师们思考和实践的愿望，怎样做才会更有实效性和人文性，怎样做才会更好地提升教研品质，以形成和改善全园的教研文化，协同教师们一起享受教育的美好人生。

（作者单位：安徽省合肥市庐阳区教育局）

第三辑

走进教室了解情况

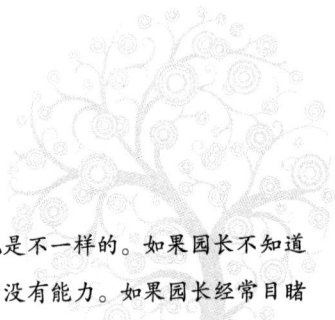

每个教室里的教师是不一样的，每个教室里的孩子也是不一样的。如果园长不知道班级的情况，就很难理解教师的行为，甚至认为这个教师没有能力。如果园长经常目睹这种特殊孩子的表现，并参与教育的过程，就会理解这位教师，并帮助她采取措施，使她有信心开展好班级工作。

——福建省泉州市鲤城区传春幼儿园　许慧芬

让幼儿在幼儿园快乐地生活，就要让幼儿教师有快乐的心情。要给幼儿园教师"松绑"，让她们快快乐乐、轻轻松松地做教师。

——华东师范大学学前教育研究所　朱家雄

幼儿园教研不是仅仅研究上课，还应研究幼儿在园一日的所有活动。教师不仅是一名教师，还是一个终身学习者。幼儿园教师通过研究和解决教学实际问题，做到教、学、研一体化，通过教研活动的创新，达到促进教师专业化发展的目的。

——山西省太原市杏花岭区实验幼儿园　申芸

18 走进教室了解情况

许慧芬

曾经有一位教师对我说，某个园长经常进入某个班级，而经过她的班级时却从来不进来，语气中带有些抱怨，还带有些失落。这说明，园长走进教室，跟教师打招呼、跟小朋友问好，并询问了解一些情况，会让教师感觉到自己得到了园长的认同和关注，从而产生强烈的集体归宿感，并且把班级的情况和自己的困扰向园长汇报。而园长深入教学第一线，不应该只局限于观摩活动现场，而是要经常走进每一个教室，了解并参与教室里的每一个活动。

《幼儿园教育指导纲要（试行）》明确指出："保证幼儿每天有适当的自主选择和自由活动时间"，这为园长创造了在不影响教学的前提下走进教室，对幼儿进行观察和了解的机会和条件。园长除了常规性听课，了解教师的选材、教学态度和教育水平外，还应该在晨间接待、区域活动和自由活动时走进教室，看看幼儿的表情、观察幼儿的行为表现、和幼儿聊聊天，直接或间接地了解班级常规培养情况、师幼互为接纳情况以及存在的一些问题，等等，为有针对性地指导教师开展工作提供事实依据。请看以下几个案例。

案例一：

每学期，园长都要审阅教师的各类活动计划，经常会发现很多班级（教师）的计划会有很多相同之处，原因来自于教师不加思考地互相参考。在这种计划指导下的工作，将会是缺乏针对性和创造性的。

于是，园长就向教师提出根据本班的具体情况制订计划、开展工作的要求，并提出很多建议，例如，A班必须重视个别幼儿的教育，B班必须加强幼儿倾听能力的培养，C班要考虑如何提高幼儿的动手操作能力，D班要着力解决爱告状的问题，等等。建议具体、有针对性，易于被教师接纳。

每个教师都有自己的认识水平和教育观念。因此，所带班级一定存在差异，这种差异性决定了开展班级工作应该有个性特点。而网络的便利使很多教师的创造性思维缺失，导致计划内容相同和缺乏针对性，不能很好地指导教师创造性地开展工作。为促使教师进行有个性的、有针对性的工作，园长只有走进班级，了解班级的具体情况，才能提供明确而有说服力的建议。否则，园长就无从提建议，更无从提出合理性建议，园长的指导作用也会缺失。

案例二：

针对幼儿园空间狭小的情况，幼儿园特别重视幼儿自由活动的常规培养，以避免孩子碰撞、摔倒等不安全事件的发生，保证活动有条不紊地进行。但有一些班级总是措施实行不力，幼儿活动时秩序混乱，大声说话、乱扔玩具，或在窄小的空间里追逐跑动，影响其他小朋友的活动，引起小朋友间的争端。为此，园长应推荐一个秩序良好的班级，要求大家观察、了解这些班级有良好秩序的原因：教师能不厌其烦地根据班级所处的环境有条理地调配幼儿活动的时间和空间——按时间先后固定位置，而不是按人固定位置，这样活而不乱，幼儿既有选择玩伴的机会，又有良好秩序做保证，使幼儿能轻松愉快而又专注地做自己喜欢的事。由于有具体可感的事实，教师很快就能体会和学习到培养自由活动常规的有效方法，纷纷效仿并加以创新，很快奏效。

为什么园长能够准确地为教师找到榜样，让教师有样可学呢？这来自于园长的日常观察和了解。如果园长不是经常走进班级，就不能了解班级与班级的差别，也不清楚哪些教师有优秀的管理方式。所以她对教师的要求仅是指令性的，而对这种指令性的要求，很多教师是不知所措的。为教师树立明确的榜样，提供可学的经验，效果远远超过园长指令性的、笼统的要求。故园长只有走进每个教室，才能够挖掘出教师互相学习的素材。

案例三：

每当园长到各个班级走动时，经常会发现有这样一些幼儿来告状的现象，说某个小朋友表现不好，某个小朋友是班级最坏的，有的甚至还表示对这些人的厌恶。园长感觉到，产生这种现象，在很大程度上是教师的日常语言暗示导致的，如"每次都是你"、"我知道就是你"等对幼儿批评性的语言，于是找教师谈心，告知产生这种现象的起因，让教师懂得"教师无小节，节节皆楷模"，平常对待幼儿时不仅要尊重，还要公平。不然，这种现象会导致少数幼儿的"贴标签"现象，对幼儿的发展是不利的。通过园长对事实的分析，教师会接受事实，并认真纠正自己的偏失。

从孩子的言行中感觉到教室里不适宜的气氛，必须是园长经过多次的事实分析判断而形成的。如果园长不知道存在于孩子之间的这种现象，或是没有把所看到的现象进行科学分析，或许就会认定是某个小朋友不好，又或许会认为是孩子爱告状，也就不能帮助教师纠正不良行为。久而久之，将会产生幼儿歧视同伴的现象，造成不良后果。

案例四：

某班级有个非常特殊的孩子，他调皮好动、任性，经常捉弄同伴，上课时大声喊叫，搞得教师无法组织活动，时常找园长诉苦。于是，园长帮助她出谋献策、做家长思想工作，帮助教育孩子，使得这个教师能坚持不懈地尝试各种方法，对这个孩子进行个别教育。

每个教室里的教师是不一样的，每个教室里的孩子也是不一样的。如果园长不知道班级的情况，就很难理解教师的行为，甚至认为这个教师没有能力。如果园长经常目睹这种特殊孩子的表现，并参与教育的过程，就会理解这位教师，并帮助她采取措施，使她有信心开展好班级工作。

总之，园长要走进每一个教室，用心观察教室的每一种情况，并认真分析现象存在的原因，并进行科学判断，从而有效地制订计划，指导教师开展工作。

（作者单位：福建省泉州市鲤城区传春幼儿园）

19 给幼儿教师"松绑"

朱家雄

课改后，我每天要提一个问题，每星期要写一篇反思，每个月要做一个案例；课改后，我要从早 7:30 跟班到下午 4:30；课改后，我要制作课件；课改后，我要写出每一个孩子的发育情况……我天天利用中午写，利用晚上写，我还要抽时间陪孩子，照顾家，我还要自学。

课改后，我只知道忙，忙，还是忙。可我在忙什么？我自己也不知道。

工作，只能一次一次地偷工减料；孩子哭，丈夫闹，家里乱糟糟；考试成绩不及格，只好再重考。

这是我从网络上抄录的一位幼儿教师在论坛上发表的一个帖子。读这篇帖子，引发了我的一番思考。

一、幼儿教师的工作是什么

幼儿教师的工作是什么？如果能用一句简单的话来说明她们该做的最重要的工作，那就是"开开心心地与孩子打交道"。如果一个幼儿教师"叹的气比老奶奶还多"，面对幼儿时想到的只是别人压给她的负担，那么，她所做的其他工作几乎就都是无用的了。

我们的幼儿教师被要求做了太多不该由她们做的事，而且有的事是她们不会做也无法做的。

幼儿教师不是儿童发展心理学或测量学的专家，但是，她们被要求去观察和测量每个幼儿在动作、认知、情绪和人格等方面的发展水平，并据此为每个幼儿制定适合其发展水平的教育方案。

幼儿教师不是课程专家，但是，她们被要求去编制课程目标，选择和组织课程内容，制作教具和课件；她们被要求去创编"与别人不一样"的"园本课程"。

幼儿教师不是学者，但是，她们被要求去做"科学研究"，去证明幼儿教育中的"普遍规律"，或者去发现新的幼儿教育原理，并以"研究成果"作为评定成绩的一个依据。

幼儿教师还被要求去做"观察、记录和反思"，这些连许多学者和专家都尚未弄清楚怎么做的事，而今却要求每一个教师都必须去做，结果成了添加在教师身上的又一负担。

……

在我国，幼儿教育改革已经历时多年，我们对幼儿园教师改革的热忱始终不渝，这实在是难能可贵的事。然而，教师对幼儿教育事业的热情应该被保护，教师所花费的时间和精力应该被珍惜，教师的劳动应该被尊重。我们的幼儿教师被要求做了太多不该由她们做的，甚至是她们不会做的事，如此这般，她们投入幼儿教育发展和改革事业的积极性必然会遭受打击。

二、都是专家惹的祸

有位资深的幼儿园园长在一个非正式的场合下认真地对我说："当今所存在的问题，都是专家惹的祸！"这句话让我寻思了数日。

作为一名幼儿教育的研究者，我并不完全赞同这句话，但是，我又特别能够理解这句话的涵义。这些年来，专家也被"神化"了，只要是专家讲的话，好像就是真理，就被许多幼儿园当作行动的指南。殊不知，这样一来，反而会造成诸多问题。

问题之一：理论并不等于实践，过分在乎理论的"先进性"，反而有可能导致幼儿教育实践的"不可操作性"。一种好的理论，有其自身严密的逻辑和体系，它是在特定条件下产生的，只能用于解释和指导特定的现象和事件。幼儿教育实践则应着眼于最优化地解决问题，着眼于"行得通"，而不应过多考虑是否与"正确"的理论相符。幼儿教育实践中所遇到的问题很繁杂，没有一种或数种理论能够理想地涵盖和指导如此繁杂的实践问题。

问题之二："专家太多，观点太多，变化太多，无所适从。"专家从各自的立场出发，做自己的学术研究，发表自己的学术观点，这本是无可非议的事，也正是各种不同的学术研究和观点存在，才会有"百花齐放，百家争鸣"的学术繁荣景象。而对于同一教育现象或事件，不同的专家可能会有不同的看法。如果对专家言听计从，"听风即是雨"，盲目跟风，那么，最终必定会无所适从，从而丧失了自我。

问题之三：专家的实验和研究"一做实验就成功，一到实践就行不通"。有些着眼于研究幼儿教育实际问题的专家，缺乏下基层的经验，没有真正地与幼儿教育实践工作者交流和对话，下车伊始，就发表所谓的指导意见，必然会造成理论与实践的相互脱离。有的教师抱怨道："当专家们推出自己的观点并不断游说时，一线教师只能忙着应付，否则就被说成观念陈旧、教育教学方法落后等。"其实，对于那些不是来自于教育实践、扎根于教育实践的所谓专家的观点，不应盲目听从，否则是不会在教育实践中获得成功的。

面对这些问题，有些幼儿教师对专家发起了牢骚："也不知道专家们心里是怎么想的，他们自己来试试！说是来指导，做科研，还不是光坐着听课，累坏了老师！"听了这样的话，那些热衷于搞学术研究的专家也许会感到有些委屈或者冤枉，那些热衷于对别人发表指导意见的专家也许会有点脸红或是不服。其实，这些幼儿教师大可不必发牢骚，应该听听我国一位资深的教育家所说的话："专家的话要听，但切记不可全听。"

三、做点实事最重要

要改革、要进取，就会受累；不受累，就不会有所作为。因为累过了，我们才获得了如今的改革成果。问题是要累得值得，不要累过了头。在谁都还不太清楚该如何改革的时候，有时难免会走些弯路。走弯路的"累"是白白的"累"，但是，这样的累能让教师获得经验和教训，为的是以后少受累或者不再受累。

应该说，谁都不喜欢受累。如果让教师没完没了地受累，莫名其妙地受累，那么，到头来只能让教师感到心烦、无奈、厌倦。有位幼儿教师在网上这样写道："现在一回到家就关起房门，为一堆计划、观察、反思而奋笔疾书，每天在家平均说话不超过五句，累了一天，实在没时间、没力气说话了……"。

其实，我们可以理性地让幼儿教师少受累或者不再受累了。如果我们能让幼儿教师去做她们该做的事，不做或少做她们不该做的事，那么，幼儿教师就可以少受累或者不再受累了。

如果幼儿教师将每个幼儿都看成是有不同发展潜能的人，看成是有平等接受教育机会的人。那么，她们就不会在意幼儿现在的水平，更不会通过烦琐的测量将幼儿分成等级，"贴上标签"。幼儿教师会以满腔的热情去对待每一个幼儿，不管这些幼儿是否已经达到人为制定的要求或标准。

如果幼儿教师能根据国家和地方的教育纲要和课程指南，特别是通过政府有关部门严格审查的教育材料，来选择和运用已有的教育资源，那么，她们就只需在如何创造性地运用这些由课程专家们编制的材料上下工夫，再通过园本化的过程，就可以使课程和教育活动能最大限度地适合自己的教育对象，而不用花很多时间和精力去创编课程了。

当幼儿教师将她们的研究目的放置于改进自己的教育和教学时，她们就会自觉地加强教研活动（不是科研活动），并通过相互的讨论和启发，解决教育、教学中所存在的实际问题，而不会花时间和精力去做那些"不着边际"的所谓研究了。

如果幼儿教师还有余力，她们还可以去研究幼儿和教师自身的行为，即通过"观察、记录和反思"，进一步领悟教育、教学的真谛，从而提高教师自身的专业水平。当然，这样做的前提，一是应该懂得如何去做（"观察、记录和反思"是一件不容易做的事），二是要有余力才去做。

以上这些事都是幼儿教师应该做，而且能够做的事。在这里，我并不否认，高水平的幼儿教师完全可以做一些"超越一般"的事，但是，这只局限于少数的教师。只有幼儿教师的负担轻了，她们才会有好心情，才能"快快乐乐地和孩子们打交道"，这样的教育才称得上是有价值的幼儿教育。

四、几句老实话

在这篇文章写完之前，我还想将已经说过的话再归纳一下：

（1）要让幼儿在幼儿园快乐地生活，就要让幼儿教师有快乐的心情。要给幼儿教师"松绑"，让她们快快乐乐、轻轻松松地做教师。

（2）让幼儿教师做她们该做的事，不要去赶"时髦"，要少做或不做"跟风"的事。

（3）理想与现实之间是有距离的，需要时间加以填充。幼儿教育改革目标的达成有赖于幼儿园教师整体素质的提高，这需要时间。

（4）专家的话要听，但不可全听。不要将专家的学术研究都看成是在教育实践中可以做成的事情。

（5）各级幼儿教育行政干部、督导和教研人员对幼儿教育实践往往起着导向作用。要保护和珍惜幼儿教师工作的积极性，行政干部、督导和教研人员更不要去赶"时髦"，更要少做或不做"跟风"的事。

[原载于《幼儿教育》（教师版）2004年第9期]

（作者单位：华东师范大学学前教育研究所）

20 到班级里帮助孩子穿衣服

肖　云

在幼儿园管理中注重细节和具有耐心是至关重要的。只要园长心中有孩子，就会想方设法抓住幼儿一日生活中的忙碌点，进行有效的管理就会取得良好的效果。我一直坚持带领几位行政人员在幼儿午睡起床时，到班级里帮助孩子穿衣服。此事虽小，但我觉得很有必要，并且对幼儿园的管理和保教工作大有裨益。

一、必要性

午睡后的起床环节是比较忙碌的，教师一方面要照顾午睡室的幼儿安全起床，另一方面要组织起床后的孩子分批入厕盥洗，还要帮助幼儿整理仪表和梳头等。尤其是在冬季，几十位幼儿同时起床穿衣，等待现象严重，可以说是一日生活中比较忙乱的环节。如果幼儿园的配班教师需要外出学习、看病等，班级人手就会更加紧张。因此，缩短起床等待时间，及时为幼儿穿好衣服，避免其着凉，特别是对低年龄班来说，降低幼儿初入园时穿衣穿鞋的难度，克服畏难情绪，使之尽快适应幼儿园生活意义重大。为此，在逐步培养幼儿自理能力的基础上，我们制定了行政人员每天在幼儿起床环节到班级帮助幼儿穿衣服的制度。

二、重要性

此项举措不仅必要而且重要。表现在：

第一，调动了幼儿园的人力资源为孩子服务。在班级最困难的时候，行管人员将手头工作略做调整即可到班级帮忙。园长带头蹲点到班级巡视；保健、财务等管理人员根据班级情况分配到班；厨房人员下午工作量不大，抽出一人到班帮忙。这不仅可以解决班级的困难，还可增加各岗位人员相互了解、支持的机会，形成相互关心、相互帮助、其乐融融的大家庭氛围。如一个班级老师处于哺乳期，需要给孩子喂奶，班级里的另一位老师在孩子起床时既要帮孩子穿衣，又要照顾盥洗完的孩子，忙得不可开交，紧张着急。幼儿园专门安排了一位副园长每天在起床环节到该班帮忙，带班老师为一部分孩子穿衣服后便可到班级，管理盥洗完的孩子，副园长留在午睡室继续帮助孩子穿衣和整理仪表，保育员在卫生间照顾孩子，这样各有分工，有条不紊。班级老师又恢复了往日的工作节奏，轻松的笑容挂在了脸上。

第二，管理人员通过参与起床环节，可以"现场办公"解决一些问题。比如：

• 以前孩子尿床时，老师打电话让家长送衣服来，家长要特地请假很不方便。园长到班级帮助穿衣时，发现小班幼儿冬季尿床现象时有发生，而且有时会有几个幼儿同时发生，于是就及时安排后勤人员，为每班购买几套四季专门用于更换的衣服和鞋袜，不仅孩子的脏衣服得到了及时更换，而且大大方便了家长。

• 午睡中途和起床前有个别孩子急着要入厕，起床穿衣系鞋带会耽误一些时间，有的孩子来不及，会尿到裤子上。下班级时，管理人员看到这种情况，及时提出为每班午睡室购买几双小拖鞋，以方便午睡中途起床入厕的幼儿。

• 春夏之交盖厚被子，孩子起床时满头大汗，但盖毛巾被又薄了。保健老师在到班级给幼儿穿衣时发现这个问题，及时提出来根据季节需要，为孩子再添置一床薄被，使得孩子的午睡质量大大提高。

• 孩子喜欢坐在地上穿鞋，后勤园长到班级发现后提出：为避免孩子着凉，是否给每个床前配一块地毯。提议得到大家的认同，很快，孩子们的床前就有了漂亮的卡通小地毯。

第三，加强了班级的保育力量，保证了幼儿起床时间。班级人力的增加，有效保障了该环节的时效。针对孩子能力的不同，一对一地指导，教会孩子穿衣穿鞋。将幼儿落在午睡室的衣物、发卡等及时清点并交给班级教师，对孩子的照顾更加细致。

第四，行政人员到班级穿衣，深受老师和孩子们的欢迎。行政人员在幼儿起床时间按时到班级，变成孩子们等待起床的信号，孩子一看见到为班级穿衣服的老师走进来，就一齐喊："老师好！起床了！你帮我穿好吗？"到班级给幼儿穿衣，行政人员和孩子的距离近了，不论在什么地方见到这位老师，孩子们都会热情地打招呼。有一次我在小班帮忙给孩子穿衣服时，看见一位叫彤彤的小朋友手里拿着一颗坏了的纽扣，我就让她交给老师保管，她皱着眉头不愿意，和她讲道理，她仍摇摇头。我心想，这孩子可真倔，只好耐心地一边帮她穿衣一边和她说着话，继续慢慢引导，说她是个漂亮的乖孩子，她突然高兴地把那颗坏了的纽扣交给了我，我笑着夸她真懂事。从此以后，她见到我都高兴地大声喊："肖老师好！"看着她笑眯眯的样子，我同样感到很幸福。

第五，减少不安全因素。行政人员到班级帮忙上铺孩子下床，参与午检，特别是传染病流行期间的体温和皮肤观察，督促孩子及时穿衣以免着凉，帮助幼儿整理仪表后再离开午睡室，这些关注细节的措施使我园很少发生安全事故，不仅孩子受益，而且赢得了家长的信任，重要的是提升了幼儿园的声誉。

三、坚持性

要使此项制度长期坚持下去，还需注意以下几点：

（1）将到班级穿衣工作列入行政人员考核内容，并给予一定工作量认可和分值认定，增强约束机制。

（2）园长坚持最重要，不仅要到班级，还要注意调配、查岗和提醒其他人员。园长要有意识地提醒自己到时间了，养成到班帮忙的习惯。穿衣环节尽量不安排外出，保证到岗率。

（3）要注意在实践中培养幼儿的自理能力，不包办代替。低年龄班帮忙多一些，中、大班以帮忙和指导相结合，在人员安排上首先保证低年龄班。

（4）注意角色位置，以班级保教人员组织为主，不能完全替代班级人员。这样，一旦行政人员有行政工作，不能到班级帮忙时，班级也能按部就班地完成这个环节的工作。

（5）行政人员有重要工作不能到班时，要告知班级教师。

当然，到班级帮助穿衣服只是关注细节的一个例子。在其他重要环节安排人员到班级帮忙，效果同样明显。例如，演出前安排相应人员到班级帮助化妆，早操比赛时安排人员到班级帮助保管衣物、器械，春游时跟班维持纪律、协助拍照等。总之，园长只要关注了这些小事，定会产生预想不到的大效果。

（作者单位：安徽省合肥幼师实验幼儿园）

21 关心孩子的伙食

王 瑶

　　早晨入园，幼儿一日（周）食谱公共栏前围看的家长总是最多的；下午离园，很多家长与孩子交流的第一句话总是"今天吃了什么"。随着物质生活的不断丰富和独生子女生长环境的不断优越，幼儿挑食、偏食、厌食的现象有增无减，"吃饭难"的问题越来越严重。当家长发现孩子进入幼儿园后变得什么都喜欢吃、什么都吃得下时、就会很信赖幼儿园，感谢幼儿园提供科学合理的伙食，为孩子的健康成长提供了保证。而一些克扣幼儿伙食费、造成幼儿食物中毒的事件，不仅给幼儿园的声誉带来消极的影响，也折射出幼儿园伙食管理不当的现象。因此，科学全面地关心幼儿的伙食，加强幼儿膳食营养管理是幼儿园园长不可忽视的一项重要工作。

　　怎样关心孩子们的伙食呢？

　　首先，园长要重视孩子们的伙食，每天都去食堂转转，了解食堂采购、烹饪、消毒卫生等具体情况。在孩子进餐时间，则去教室或食堂转转，了解孩子们的进餐、剩菜剩饭的情况，发现问题及时与保健老师、食堂工作人员、班级教师等进行沟通，交流信息，共同解决问题。当然，在有些人看来很小的幼儿园，却是"麻雀虽小，五脏俱全"，因为园长需要处理的事情很多，不可能时时绕着伙食转，所以就需要建立一个膳食管理小组，明确专人负责膳食管理，主要包括：让保健老师管理膳食营养计划，让专门财务人员管理伙食费用，让监督人员检查伙食卫生情况和让老师培养幼儿良好的饮食习惯等。

　　幼儿园内应配备合格的保健教师，负责编制膳食营养计划，每周根据幼儿进食量和营养素摄取量提前制定食谱，力求达到营养平衡。膳食计划每周提前公布，在家长观看公布栏的时候，园长可安排保健教师倾听家长提出的意见，并解答家长在孩子膳食方面的疑惑。这样，膳食公布栏也就成为了家园沟通的一种形式，如果给公布栏取上一些好听的名字，那就更亲切了。保健老师在幼儿园的营养膳食工作中起着十分重要的作用，园长要安排保健老师参加幼儿园营养膳食的培训，鼓励保健老师参加经验交流会，跟上时代的步伐，不断提高其有关知识水平，及时更新膳食计划。

膳食管理小组中应该有专门财务人员每日核算伙食费用。管理小组在食堂里设置兼职或专职的会计、出纳，会计、出纳要明确分工。每月结算后，管理小组向家长公布伙食收入、支出明细账目，公示内容需要园长签名。园长清楚伙食费用，不仅是对财务的了解，更是从源头上关心孩子的伙食，以避免因出现经济问题而损害幼儿身体健康的事件发生。

食堂烹饪是幼儿伙食的关键环节，需要特别重视，膳食管理小组应特别重视食堂的烹饪。管理小组应严格要求厨房工作人员保持卫生，养成卫生习惯。新买进的食物需要清洗干净，所有餐具要经过消毒后才能使用，厨房内不应有昆虫、积尘。食物从清洗到烹饪完成都需要保证质量，确保基本的营养元素不会流失。在卫生合格和质量保证的前提下，食堂烹饪应力求色、香、味俱全，能引发幼儿兴趣，刺激其食欲。

当然，幼儿的伙食离不开教师的督促，进餐是在班级教师的指导下进行的。园长可以要求保健教师对班级教师开展健康教育培训，增加教师对儿童营养知识的学习和了解，保证教师以科学的方法纠正幼儿不良的饮食习惯。班级教师还可提供幼儿营养评价和家长伙食反馈，膳食管理小组既要得到班级教师对幼儿进餐真实、具体的情况汇报，还应安排教师定期向家长发放《家长问卷调查表》，得到家庭饮食的信息反馈，在有关家园膳食的良好沟通基础上，共促幼儿合理吸收营养，共建幼儿良好饮食习惯。

总之，园长应带动全园教职工都关心幼儿伙食，通过膳食管理小组保证幼儿膳食均衡，促进幼儿生长发育，使幼儿全面健康地成长。

（作者单位：华东师范大学学前教育系）

22 幼教教研活动要日常化
申 芸

在幼教教研中，人们把幼儿园教学观摩课比作"法国大餐"，而把幼儿园一日生活比作"家常便饭"。在一般人的眼中，往往重视探讨每一次教学观摩课，而轻视一日生活的其他环节。殊不知，"一日生活都是课程"，"一日生活的所有环节都是重要的"。教研研向何方？教研的目标应当指向提高幼儿园的保教质量，指向提高教师贯彻《幼儿园教育指导纲要》的能力，让教师形成终身学习的理念和素质，帮助教师养成读书和自觉学习的习惯。因此，更要重视"家常便饭"。

近年来，我园鼓励老师们从本园实际情况出发，进行切合实际的园本研究。研究以幼儿园发展过程中所遇到的实际问题为对象，以幼儿园教师为主体，以"基于问题的解决"为目的，针对幼儿园教育工作中的各种问题展开。根据问题的性质及其涉及的领域，我们将园本教研分为园本课程研究、园本教学研究、园本管理研究、园本教师培训研究，等等。其中，把园本教学研究作为园本研究的主要内容。通过老师们的探究发现并提出问题。然后以提出问题的主要人员为主，组成研究小组，以阶段性推进的方式逐步进行。我特别强调，我们开展园本教研的目的，是通过这种新的形式，促进教师的专业成长。园本教研所表达的是一种研究的价值取向，而非一种具体的研究方法。我们以"实际问题的真实有效的解决"为准则，不追求形式和花样。

以园为本的教研方式也许并不是全新的教研模式，在过去多年的幼儿园教研工作实践中，"自上而下"一直在强调以教师自身的智慧去研究解决自己的问题。但在过去的教研工作中，教师缺乏反思意识与能力，"等靠"思想比较严重，不善于借鉴同伴的智慧。而园所也忽视了在园内构筑一个学术争鸣和深度沟通的氛围与平台，在研究专题的确立、方法策略的选择以及科学性等方面缺乏经常而有效的专业引领。这就使得幼儿园的教学研究，常常是"萝卜炖萝卜"——在低水平重复徘徊，很难取得实质性的进展。长此以往，教师不但对教学研究失去了应有的兴趣而且视教研工作为负担。

引进园本教研理念并不是对过去教研工作的全盘否定，而是在继承过去优秀教研工作经验的基础上融入新的内涵，是对现行教研方式和工作机制的调整和改进，是以问题为核心，不断使日常教学工作"问题化"，以问题引导学习，通过教师与自己、与同伴、与理论、与实践的"对话"，寻找差别，解决问题，从而完善教学、完善自我、有效地促进群体专业发展的过程。这个过程其实就是提升教师自身素质的过程。王晓丽老师借用印度大诗人泰戈尔的话："最远的距离是到达你自己"，来表达改变自己是多么不容易的事情。但是，通过开展园本教研，我们的老师们已经开始逐渐"达到自己"。

2006年10月30日，我园召开阶段性园本教研活动，活动主题是"从发现身边的问题做起"，活动内容分为三大板块，每个板块都有针对性很强的主题。其中，第二大板块有三个小问题：

（1）请你列举1~2个身边的问题。

（2）请你对身边发现的问题寻找根源，分析原因、提出质疑或答疑。

（3）围绕"看上去很美"案例大家展开讨论，各自发表自己的观点和见解。

会议上，老师们的发言异常积极踊跃，提出了许多前所未有的新问题。大的方面，有对于自身的优势和不足的分析、个人的发展方向和需要采取的相关措施等。小的方面，如图书角的空间不适宜，应该选择哪个位置，以解决采光和舒适度的问题；图书投放随意性大，应该如何分门别类摆放以解决过于凌乱的问题；如何放手让幼儿用自己喜欢的方法来进行一些下厨探索活动，激发其下厨的欲望，培养热爱生活的情感；等等。

这次会议，是我园历史上具有划时代意义的一次会议。它的成功之处主要表现在激发起了教师们走向真正意义上的"做研究型教师"之路的热情。一位教师动情地说："园本教研是一种唤醒，是对教师研究意识和生命意识的唤醒；园本教研更是一种体验，是教师对自己教学和生命成长的体验；园本教研是教师互相学习，交流探讨，共同提高的平台。我们每位教师大胆地表述自己的观点和看法，从而不断提高自己的专业发展水平！"

组织幼儿园教研活动，思想理念的导向和引领非常重要。"引领"不是权威性地下结论，而是要提出更多可供教师思考的问题，提出更多的思路及解决问题的方法。幼教教研的真正意义在于怎样帮助教师把对教育意义的理解在实践中转化为幼儿的发展，怎样帮助教师树立教育理念、教育实践理念呢？

日本东京大学佐藤学教授在谈到观摩课时说："比起'法国大餐'来，更应该重视'家常便饭'"。意思是说，精心制作的"法国大餐"虽然好吃，但总不可能天天吃，而一日三餐是天天要吃的，其质量的好坏关系到身体的健康成长。

一日三餐、家常便饭怎么做？怎样把一日三餐烹调得色香味俱全？是我们园长需要反思的问题。教学活动观摩课是幼儿园对外集体活动的一种形式，当然是重要的，但幼儿园一直提倡"保教并重"，"一日生活都是课程"，所以一日生活的所有环节也都是重要的。过分关注观摩活动，会导致教师对日常教育过程不感兴趣；过分关注结果，会导致教师对过程中的努力不加珍惜。丁钢老师说："教师的专业成长不可能仅仅发生在人工搭设的舞台上，而应存在于教师的日常专业生活中，对于那些教师参加的保教基本功'大比武'，教学'大比赛'，以及形式多样的观摩课、汇报课、展示课、特色课等，我们幼儿园一定要注意导向，正确处理好'法国大餐'和'家常便饭'的关系。"

所以，**幼儿园教研不是仅仅研究上课，还应研究幼儿在园一日的所有**

活动。教师不仅是一名教师，还是一个终身学习者。幼儿园教师通过研究和解决教学实际问题，做到教、学、研一体化，通过教研活动的创新，达到促进教师专业化发展的目的。

（作者单位：山西省太原市杏花岭区实验幼儿园）

㉓ 注重对教师日常教学的评议

沈佳萍

在日常的教学观察活动中，通过了解教师的教学情况，及时地予以客观公正的评价和有的放矢的指导，帮助教师树立正确的教育观、儿童观，这不但能提高教师教育的实践能力，而且能提高教师的理论水平。

一、评议应尊重教师，肯定教师的劳动

每个人都有自尊，尤其是教师，其自尊心更为强烈。教师为教育幼儿，提高保教质量，付出了辛苦的劳动，园长应及时地给予肯定和赞扬，使他们感到自己的付出得到了领导的肯定，从而将之作为自己今后工作更努力、更进取的动力。相反，如果园长轻易地损伤教师的"面子"，对教师教育教学中出现的问题随意进行批评，对教师所付出的辛苦劳动不予肯定，不但会使教师的自尊心受到伤害，而且还会严重影响教师的工作积极性。久而久之，就会使教师丧失前进的勇气，甚至产生逆反心理，从而阻碍幼儿园工作的顺利开展。例如，园里一位年轻的教师用多媒体课件上了一节综合活动课，作为年轻教师，由于没有抓住课的重、难点，教学效果不好。课后，这位年轻教师自己也觉得很沮丧。在课后的评价中，我并没有批评她，却对她积极动脑筋、自己动手制作课件的行为给予了充分的肯定，并和她一起讨论如何把握课的重、难点，鼓励她开展第二次教学。她终于在第二次教学中，取得了满意的教学效果。

二、评议应公正并掌握一定的交谈技巧

作为园长应掌握一定的教育教学评价的科学理论，对教师的教育教学作出科学公正的评价。在参与评议活动、与教师交换意见时应采取一定的交谈技巧。如交谈初期可少说多听，听教师谈教学设计思想、教育教学感受；交谈中期可明确提出问题，听取教师的意见，并注意观察教师的情绪变化，引导教师分析和发现自己的不足；最后给教师以目标激励和信息激励等，使教师产生被信任感，从而对工作产生一种责任感和紧迫感，这样她今后的教学行为就会经常处于一种持续的积极状态。反之，如果园长在评价时不注意使用一定的交谈技巧，就可能挫伤教师工作的积极性，从而影响幼儿园教育工作的实效。例如，在王老师开展"有趣的管子"教学后，我先请她谈谈自己每个教学环节设计的目的，并提出问题："你认为在这个活动中的难点是什么？你是怎样解决的？"王老师通过一步步地反思，从中找到了自己教学中存在的问题，她说："我虽然意识到要让孩子在操作中感知管子的特点，但操作活动后明显缺少一个谈话总结提升的环节，现在我感到这个环节是非常重要的。"

三、评议应关注教师的纵向发展

每一位教师的个性和特长都是不同的，不要用统一的标准去衡量每一位教师，而要努力寻找每一位教师身上的闪光点，肯定教师的进步，善于赏识教师。如王老师擅长舞蹈表演，而田老师舞蹈一般，但组织班级常规却很有经验。那么，在早操活动的评议中，就不能把田老师的动作跟王老师比，而应关注到只要田老师的动作有进步，就应该及时地给予肯定和鼓励。

四、评议应民主

要抓好教育教学管理工作，必须在幼儿园营造一种良好的民主氛围。

在评议日常教学活动时，提倡"群言谈"，注重听取教师的意见，使教师真正感到自己工作、生活在一个充满民主的氛围里。如在评议活动中，应让参加评议的教师们先发言，鼓励教师发表自己的见解，即使发现有的教师存在认识上的差错，也不要急于打断，而应通过教师间"头脑风暴"式的讨论，真正帮助教师们重建正确的认识。

总之，在幼儿园的教学管理工作中，作为管理者，园长应充分发挥教师的积极主动性，使教师队伍逐步成为一个善于进行自我调节、自我管理的群体。

（作者单位：安徽省合肥幼师实验幼儿园）

24 幼儿园也应重视疏散演习

钟雅瑾

四川安县桑枣中学，位置紧临"5·12"地震最为惨烈的北川，却在"5·12"大地震中创造了一个了不起的奇迹——全校2200多名学生和上百名教师无一伤亡。这得归功于桑枣中学校长叶志平，正是因为叶校长和全体师生的避险意识强，把安全工作做在了平时，做到了实处，才在危急时刻挽救了那么多鲜活的生命。

从2005年开始，桑枣中学每学期都会组织一次全校性紧急疏散演习。每个班的疏散路线事先都进行科学规划，疏散到操场上的位置也是固定的。正是由于平时的多次演习，在地震发生时，全校师生从不同的教学楼和不同的教室有序冲到操场上，用时仅1分36秒。

"5·12"大地震中逝去的生命太多，中小学生成为最大的伤亡群体之一，许多充满活力的幼小生命被地震吞噬，给我们的教训是如此惨痛。紧急疏散是应对自然灾害最有效的方法，所以，在幼儿园开展疏散演习非常重要。园长要有强烈的避险意识，而增强避险意识，最重要的是要有避险行动，并做到持之以恒，因此，疏散演习应该被列为幼儿园每学年的重点工作之一。

在诸如地震、火灾等灾害面前，时间就是生的希望，在最短的时间内疏散到安全地带，就能最大限度地保障我们生命的安全。幼儿园小朋友的年龄小，遇到突发事件容易惊慌失措，那么，如何开展演习才不会流于形式，获得真正的演练效果呢？

一、教师冷静，明确职责

一旦发生紧急事件，教师要冷静沉着，告诫幼儿不要慌张、不能乱跑，要一切行动听指挥，引导幼儿用最快的速度，有序离开教室。教师对于疏散的路线和位置必须心中有数，两名教师应一头一尾相互配合，确保每一个孩子安全地离开。此外，教师必须在思想上重视演习活动，态度严肃认真，这样才能使孩子产生紧迫感，从而认真参与疏散演习。

二、后勤人员，积极配合

在疏散活动中，幼儿园众多的后勤人员也要起到非常重要的作用。园长可以安排他们站在拐角的位置，因为那里是孩子们最容易摔倒的地方，一定要确保疏散时孩子的安全。此外，后勤人员还应该配备一些应急箱，里面有药品、毛巾等应急物品，方便携带，以备不时之需。

三、疏散路线，有序通畅

随着幼儿园硬件设施的完善，我们的教室分布在不同的楼层中，要保证秩序，就一定要按照疏散时指定的路线、楼梯、位置运行，不然就有可能造成人员拥堵，甚至造成踩踏事件，后果不堪设想。所以，演习前一定要进行合理安排，每一位教师和后勤人员包括孩子都要有序而迅速，这样才能赢得宝贵的脱险时间。由于孩子所在的教室每年都会更换，所以至少每年要进行一次疏散演习，这样才能保证他们了解不同位置的疏散路线，从而形成长效机制。

四、家园沟通，支持演习

对于在幼儿园开展疏散演习，也许会有家长不理解，担心孩子受到惊吓。我们要将演习的重要性通过各种方式向家长说明，争取得到家长的支持和配合。演习不是游戏，它给予孩子的会是受用一生的经验和方法，即使对幼儿心理上会有一些暂时的影响，也要坚持开展。

五、安全教育，落在平时

要在孩子心中埋下避险意识的种子，仅仅靠一年一次的疏散演习是不够的，在平时还要加强对幼儿开展各项安全教育活动，帮助他们学会应对不同危急情况的有效方法。例如，一旦有火灾来临，我们要立即用湿毛巾捂住口鼻，弯腰、沿楼梯迅速有序下楼，如果烟雾太大，就要趴在地上沿着墙根往下爬行，这样可以尽量减少人体吸入有毒气体的量。我们还要让幼儿从小树立起自我保护的意识，远离安全隐患，与同伴团结互助，避免意外事故。

总之，尊重生命、尊重自我、尊重他人是我们每个人的义务，更是我们每个人的责任。开展长效的疏散演习能唤醒大家对安全问题的重视。愿我们的孩子都拥有强健的身体，掌握正确的自救方法；愿他们的欢声笑语、活泼身影使我们的幼儿园充满阳光，充满生机！

（作者单位：上海市实验幼儿园）

25 "居安"尤要"思危"

王　瑶

对"幼儿园"这个名称，德国教育家福禄贝尔将它命名为"Kindergar-ten"，多么好听的名字，幼儿园如同花园，孩子们则如同花草，在园丁们的呵护下茁壮成长。但在这一教育乐园里，由于幼儿有好奇探索的特点，发生的危机事件具有突然性、隐蔽性等特点，所以，安全永远是第一重要的课题。

我们也曾听到过一些关于幼儿园危机事件的报道，如食物中毒、火灾水灾、危险人物闯入幼儿园等突发事件，但实际上，幼儿园的意外伤害事件在教学和生活中时有发生，看似安静祥和的乐园里其实潜藏着危机。但是，只要大家增强安全意识，有很多危机事件是可以预防的。因此，"居安"尤要"思危"，幼儿园管理者提升幼儿园整体危机意识水平尤为重要。

首先，幼儿园管理者自身应具备一定的危机意识。对待安全隐患，幼儿园园长首先就不能抱着侥幸心理，虽然幼儿园有太多的事务需要处理，但任何事情都比不上安全问题重要，都不能成为忽视危机管理的借口。园长的模范带头作用常常会潜移默化地影响整个园所，园长对安全的重视必然会带动全园职工对安全的重视。所以，园长应带动全园职工时刻紧绷大脑中"危机"这根弦，不论采取什么行动，都要先问自己几遍"这样做有没有危险"，尽量预防各种安全隐患。

其次，幼儿园管理者应敢于假设可能出现的危机事件，制定严密的危机预防方案和有效的危机干预措施，形成事先预防的管理制度。比如对于幼儿园的各种玩具，从正规买入、定时检修到及时更换等，都要制定相应的管理制度，而对于春游等可能发生危机事件的大型活动，则要将责任落实到人，规避危机。只有园长具备危机意识，带领全园从各方面提高对危机的认识，才能预防危机，才能沉着应对突发事件，尽可能减少危机对幼儿园产生的不利影响。

再次，幼儿园管理者应把危机教育作为常规工作来开展，确保"警钟长鸣"。但常规工作需要实质性的内容，如果只是流于形式，简单地开会传达上级文件，是无法提升大家的危机意识的。做好危机教育的实质性工作，可以采取多种方法和形式，比如，可以请交通、消防等部门合作进行安全教育，请家长参与交流他们关注的危机问题，请教职员工利用网络等工具查找危机现象并互相交流，等等。

最后，幼儿园管理者应提升幼儿园全体人员的危机意识。危机管理人人有责，幼儿园园长并不是唯一的危机应对者。

第一，园长应确保每一个保教人员在一日教学、游戏和生活等各环节具备危机意识。幼儿园发生一些安全事故往往是由于保教人员的一念之差，如有的教师带幼儿出去游戏忘带教具，让幼儿独自回班去取，结果幼儿在途中绊倒摔伤。也许当时教师忙不过来，也许教师的出发点是培养幼儿的独立能力，但是，只要想一想可能出现的危险，教师哪怕再忙，也不会这样做。园长首先要让教师明白：执行一日生活的各项制度是保障幼儿园安全的基本前提，执行制度需要认真对待，不能敷衍了事。保教人员在让幼儿使用幼儿园的玩教具之前，应当先检查一下玩教具是否够安全、够牢固。组织幼儿活动时，保证幼儿的活动范围在自己的视线范围以内。教育保教人员在开展任何行动之前，先问一问自己："这样做有没有危险？"

第二，让每一个幼儿都了解危机应对知识，提高幼儿的危机预防意识。园长可以要求保教人员在一日活动中对幼儿"渗透"安全教育，也可以在大型的幼儿园集体活动中直接对幼儿进行教育。如在活动中需要使用剪刀等尖利物品时，教师应传授正确的使用方法并提醒幼儿注意安全；进餐时提醒幼儿少讲话，防止食物进入气管；盥洗入厕时告知幼儿要有秩序地进出、不推挤；区角设置、环境创设时提醒幼儿规范自己的行为；适时开展一些突发事件演习活动；等等。总之，提高幼儿的危机意识，使幼儿具备与其发展相应的认识危机和面对危机的知识和能力，让他们明白"这样做很危险"、"那里危险我不能去"、"不跟陌生人走"等，可以在一定程度上预防很多危机事件的发生。

第三，帮助每一位家长提高危机意识。在很多家长看来，孩子在幼儿园是非常安全的，自己没有什么责任。但幼儿园管理者和教师都应让家长明白，他们送孩子来幼儿园，不等于使孩子进了保险箱，幼儿园的安全也离不开家长的配合和支持。幼儿园管理者在招生的时候不仅要向家长承诺幼儿园的安全措施，也要真诚地与家长谈论幼儿园可能出现的危险问题，而且其中的一些问题是与家长密切相关的，从而使家长具有危机意识。如要求家长严格遵守幼儿园接送制度，尽量不要临时换人接孩子；孩子患传染病时不送去幼儿园；禁止孩子带危险的物品入园；平时在家庭教育中强化对孩子的安全教育；等等。同时，也要鼓励家长对幼儿园危机管理提出建议，鼓励家园交流，让家长在对孩子的教育上也具有反思能力，常常想一想："我这样做对孩子、对幼儿园会不会带来危险？"

总之，"居安"尤要"思危"，提升危机意识是为了幼儿园能更稳定地开展工作，为了能给孩子们提供一个优美、安静、安全、祥和的学习和生活乐园！

（作者单位：华东师范大学学前教育系）

重视幼儿园的第一道防线——门卫

王旻旻

很多幼儿园门口都挂着"示范性幼儿园"、"×××科研基地"等牌子，这些牌子告诉每一位家长该幼儿园所取得的荣誉、成就。但是，作为管理者的园长是否知道——比荣誉牌更重要的是门口的门卫。每天，当幼儿来到幼儿园时，第一眼就看到门口的门卫老伯伯，他们会和老伯伯亲切地打招呼："老伯伯早上好"，放学了，孩子们又会和门卫老伯伯说一声："老伯伯再见"，然后再快乐地离开幼儿园。门卫是幼儿园最前沿的窗口，更是一道重要的防线，《幼儿园教育指导纲要（试行）》明确指出："幼儿园必须把保护幼儿的生命和促进幼儿的健康放在工作的首位。"这指明了安全工作是幼儿园工作的重中之重，做好了安全工作，才能保证入园幼儿的身心健康，只有在保证幼儿人身安全的前提下，才能进行其他方面的教育。

可是，现在的幼儿园的接送门卫制度又是怎样的呢？

案例一：

明灿灿的阳光照耀着大地，一群孩子唧唧喳喳地走到草地上来做游戏。幼儿园的围墙是铁栅栏，有一个铁门，上面挂着一把锁，没有门卫在场；铁栅栏约有 1.3 米高，如果有人想翻身进入，估计毫不费力。

案例二：

这个幼儿园有着醒目的电动伸缩门，但不知是有人送货还是别的原因，电动门半开着，外人可以就势进入园中。见有人在门口，一个中年男子从门卫室走了出来，说道："这时候不能进去。"那人回应："想送孩子来上学，先看看地方。"中年男子便没有再阻止。

对此，作为园长的你有可能会摇头说："我们的幼儿园接送有严格的制度"，但你知道吗，在现行制度下，门卫的执行力有多少，又有哪些制度是制定了但很难执行的？

如何让接送管理制度成为幼儿园的重要防线？在这方面，园长作为幼儿园的管理者，应做到以下几点：

一、加强学习，定期召开会议

园长是幼儿园的第一责任人，门卫工作是幼儿园最前沿的一个重要窗口，门卫形象如何，工作成绩如何，直接影响到幼儿园的发展，所以培训、管理门卫工作也是园长工作的重要组成部分。针对门卫工作情况，园长必须每学期定期召开门卫人员培训会议，向门卫介绍幼儿园接送制度。比如：

（1）门卫工作人员要有安全防范能力和较强的师生安全防范意识；牢固树立"安全第一"的思想，充分认识到守好幼儿园大门是维护社会稳定、保障家庭和幼儿园切身利益的前提。

（2）门卫要做好来访者的进出登记工作，不明身份者禁止来园；幼儿进园后不得出园门，如有特殊情况，需出示有关教师的证明才可以放行；非本园教职员工车辆不准随便进入。

（3）每晚门卫负责检查与关闭园内所有电源、水源开关，并锁好活动室、办公室和园大门，做好防盗工作。园长也可以向门卫进行案例讲解（如某幼儿园发生的入园盗窃、抢劫案件及其造成的后果，等等）。另外还可以邀请辖区的民警开展门卫培训座谈，提高门卫的责任意识。通过各种形式的活动加强门卫的工作责任心，让他们认识到门卫工作的重要性，知道门卫不仅要把好学校的大门，还要善于与家长做好沟通、协调工作，运用文明礼貌用语，合理地服务于幼儿家长，并能积极配合幼儿园做好其他事务性的工作。

二、随机抽查，提高责任意识

园长在检查门卫工作时应采取随机抽查的方式。定期检查固然需要，但是检查不是让门卫来应付园长，门卫工作需要在常态中去完成，这就需要园长在日常工作中随机检查（如门卫是否在岗、是否按时开关门、有否聚众聊天，等等）。随机检查并不是让园长刻意地去幼儿园大门口看一看，而是途经大门时有意地去关注一下，这样的检查更能发现问题，从而能及时改进工作。

三、适当奖惩，提高工作积极性

可别小看了幼儿园的门卫，别认为他们就是看看门、收收信件、报刊，工作非常轻松。其实，他们每天负责幼儿园幼儿的进出，需要有很强的责任心。有些能力强的门卫会把整个幼儿园的所有幼儿姓名记住（整个幼儿园一般都有几百个幼儿），今天哪些幼儿来了，哪些幼儿没来，他们都心中有数。夏天里他们要头顶烈日，冒着酷暑；冬天里他们要面临风雪，经历三九严寒。不仅承担责任与压力，而且也确实很辛苦。所以，请园长及时记录下门卫工作时的闪光点，并给予他们适当的奖励，以此提高门卫的工作积极性，使之更好、更积极地参与幼儿园工作。

有奖必有罚。当园长发现门卫工作不到位时，相对应的惩罚也是必要的。门卫是幼儿园的员工之一，发现问题时，除了惩罚之外，还要及时与他们进行沟通，不仅要使他们知道错了，还要让他们知道哪里错了，这样才能有助于他们今后工作质量的提高。

事实上，门卫工作是幼儿园工作的重中之重，是幼儿园的第一道防线。做好门卫工作不仅需要幼儿园有健全的制度，门卫有高度的责任心，也需要家长的积极配合和真诚理解。对于幼儿园门卫的工作，我们应当时常敲响警钟，不断探索、不断完善各项安全制度，关注安全，关爱生命，让祖国的下一代在一个平安、健康的环境中茁壮成长。

（作者单位：上海市实验幼儿园）

遇事冷静一分钟

管理者不可能时时刻刻守在每一位员工身边，以确保她们的行为符合管理要求。因此，遇事冷静一分钟，多站在员工的立场去思考一下事情产生的原因，这既能让管理者更加客观地处理问题，同时也能让员工感受到管理者对她的尊重，有助于员工形成自律。

——上海市宋庆龄幼儿园　封莉蓉

　　园长就好比是一群羊的"头羊"，领头羊一定是其中体格最健壮、跑得最快、听力最好，眼观六路，耳听八方，最为敏锐的，羊群在领头羊之后，是充满信任地、心甘情愿地跟着它向前走。

——山东省泰安师范附属学校幼儿园　闫兴芬

　　其实，员工的牢骚话也是管理智慧，若你从这方面来重新认识问题，那么可能会得出不一样的结果，也会改变你的工作方法。你要注意听，并且分析，同时还要会引导员工更深层次地认识问题，把员工的牢骚转化为幼儿园的管理智慧。

——浙江省温州市第八幼儿园　金晓群

27 遇事冷静一分钟

封莉蓉

每年的 9 月都是全托小班最辛苦的时刻。一群 3 岁左右的娃娃第一次离开家，进入一个陌生的集体，每年总会有几个孩子情绪波动特别强烈，哭闹得厉害。如何减轻这群孩子的分离焦虑，让他们爱上这个集体，是摆在班级老师面前最艰巨的任务。

在经历了第一周两天的全托生活后，第二周是幼儿第一次全周生活在幼儿园，要度过最艰难的五天四夜。今天是周四，傍晚，我到班级巡视时，突然听到班主任 A 老师在盥洗室里大声要求这几日哭闹最厉害的一个男孩都都："不哭！不要哭了！"当听到这句话时，我的第一个反应是生气：毕竟这是孩子刚来的第二周，哭是正常的表现，身为老师，尤其是作为班级表率的班主任，怎么能用这种简单的方式来对待因想家而哭闹的孩子呢？此时，A 老师发现了窗外的我，她的表情立刻变得非常紧张。她的紧张让使我意识到：我需要冷静地处理这一问题。所以，我没有立刻进班和 A 老师交流，而是先坐在班外，以 A 老师的角度去思考。

A 老师第一年担任全托小班的班主任，她也非常紧张。这一个多星期来，她天天早班连中班，每天早上 6 点半来园，一直要陪伴孩子到入睡后，晚上 10、11 点钟才能回到家。星期四，对于孩子来说是最难熬的一天，对于她而言，也是最疲劳的一天。都都的哭闹确实给她的工作造成了非常大的困扰，尤其是现在接近晚饭时间，正是孩子想家的时候，她肯定是担心都都的哭会影响更多的孩子，所以她才会有如此不恰当的表现。听着教室里老师因劳累而沙哑的声音，看着她不安的表情，我知道她在尽力工作，内心对她由衷产生了感激之情。在孩子开始吃饭时，我将 A 老师叫到了班外。

A 老师很明白我把她叫出来的原因，她一出来就和我道歉，眼泪也忍不住地落了下来。我明白，她的眼泪里有内疚，也有委屈。毕竟辛苦了这么多天，因为一句不合适的话正好被园长听到了，自己的付出就显得徒劳了。所以，我没有再强调刚才她与都都对话中的错误，而是先感谢她这么多天来这么辛苦地照顾这群孩子，然后给她提了一个建议：孩子们都喜欢大班的哥哥姐姐，今天晚上可以安排他们和隔壁大班的孩子一起活动，让哥哥、姐姐带着他们一起玩，如果情绪好，还可以让他们和哥哥姐姐一起睡觉。A 老师接受了我的建议后，我再到隔壁大班去和大班老师说，A 老师希望今晚能够安排"大带小"活动，帮助她们班的孩子适应幼儿园的生活，该建议得到了大班老师的支持。

那天晚上，都都洗完澡后，就一直跟着大班的哥哥一起玩玩具，情绪稳定了许多。晚上他也是和大班的哥哥一起睡觉，没有像往常那样早上 5 点醒来就号啕大哭，把其他小朋友吵醒。而是一直睡到 6 点半才起床，由大班的哥哥送他回自己的班级吃早饭。第二天早上我见到 A 老师，她的表情也轻松了许多，和孩子们在一起时，也有了笑容。

经过那次事情后，我知道了，这个还不曾结婚、做妈妈的年轻老师，每天都在努力地像妈妈那样去爱每一个孩子。而经历了这次事件，我也意识到，身为一个管理者，我的言行对老师有多大的影响力。作为一个园长，当看到教师有不合适的行为时难免会着急，但这时，如果带着情绪去解决问题，难免会把话说重、说偏，而这样将会对员工产生负面的影响。只有保持冷静，才能对问题进行客观的判断和处理。

如何做到冷静一分钟呢？关键就在于要建立一种个人信念：相信你的每一位员工都在岗位上尽心尽力地工作。当发生事情时，首先提醒自己意识到这一点。这会让你以从容的心态去处理自己所面对的问题。管理不是玩儿猫捉老鼠的游戏，管理者和被管理者应该站在一致的立场上，有着共同的利益与追求。园长身为管理者，有责任帮助员工在自己的岗位上获得成长，而对员工莽撞地批评是最失败的"帮助"。

管理者不可能时时刻刻守在每一位员工身边，以确保她们的行为符合管理要求。因此，遇事冷静一分钟，多站在员工的立场去思考一下事情产生的原因，这既能让管理者更加客观地处理问题，同时也能让员工感受到管理者对她的尊重，有助于员工形成自律。

（作者单位：上海市宋庆龄幼儿园）

28 做好"领头羊"

闫兴芬

作为"内地与香港教师交流及协作计划"活动的交流教师，我于 2008 年 8 月底来到香港。来港之前，我就听说香港幼儿园相互之间的差别很大。当时以为是夸张的说法，但来到香港，深入幼儿园了解之后我发现，事实果真如此。其中一个重要原因，就是园长自身素质的差别。经过内地教师之间的相互沟通之后，大家亦有同样的认识。幼儿园园长作为幼儿园的领导者、管理者，其自身的素质直接影响着幼儿园的办园质量与水平。下面是我见到的几所幼儿园的情况：

A 幼儿园，所有教师整日都见不到一张笑脸，不论何时，看到的面孔都是阴沉沉的，无论对幼儿、对家长、对同事都是如此。同时，我也发现，这个幼儿园的小朋友也是如此，他们的脸上很少出现这个年龄段的孩子应有的天真烂漫的笑容。他们见到教师、同伴和家长，都是一脸陌生、疑惑、恐惧，上课回答问题是这样，做游戏也是如此。后来我发现，原来园长就是这样。每次见到她，她不是一副盛气凌人、不可接近的模样，就是心事重重、郁郁寡欢的状态。这位园长平时不观课，教学上的事全部交给主任来做，而主任却没有决策权。教师不敢和园长交流，即使有问题向她汇报，也不敢正视她。这样的结果是：教师工作没有动力，思路不开阔，处理问题不灵活，一个问题半天弄不明白、学不会，更别说举一反三了。整个幼儿园的教育教学和管理水平可想而知。附近的幼儿有些宁可去别的幼儿园就读，所以园长整天为生源问题发愁，却不知道根源在哪里。

B 幼儿园则相反，园长整日笑呵呵的，为人热情，性格爽朗。教师个个就像家有喜事一样，脸上挂着发自内心的灿烂笑容。同事之间就像姐妹般能够互相关心、互相帮助，大家团结一致。从幼儿身上也能看得出来，他们见面时远远地就会打招呼，"王老师早晨好！""李老师早晨好！"有时也会幽默地向老师招招手，亲切地说一声："嗨！"见到我的到来，小朋友们从教室里隔着窗户就向我问好。对于不熟悉的老师，就用微笑来表示。幼儿班的小朋友年龄小，有时不会问好，或因为不熟悉，不敢问好，教师一定会弯腰指导他（她）向老师或其他家长问好，有的教师干脆蹲下身来，把幼儿抱在怀里，慢慢地教。都说香港人不爱开玩笑，我在这里却经常听到教师之间说笑话。

工作时间严谨做事是香港的特色，教师平时请假很难，但是，这个幼儿园的园长如果得知教师的家人特别是父母、孩子生病，一定会区别对待，每年多给几天假期。如果哪个小朋友家里确实生活困难，就免去他的书费或者是部分学费，有时会自己掏钱出来，有时则利用自己的社会资源筹集资金解决。校长和教师之间没有距离感，这一点从他们活动的照片上看得出来，从实际生活中更能感受到。

但是，有位教师私下里告诉我她们都很怕园长。为什么呢？原因是园长教育观念超前，业务水平、能力很高，思维灵活、视野开阔。教育教学上谁要是想糊弄幼儿，每天没有点新花样，园长是不会答应的。每次集体备课也能发现这一点：教师的方案说出来，园长会让大家尽情发言，找问题、提建议；大家发言完毕，园长如果发现还有大家都没有想到的问题，她就要一而再、再而三地启发，直到问题被发现；如果教师不能解决存在的问题，她就会"逼"教师想出办法。这样"逼"的结果是，教师个个成了专家。如每个主题教学活动，教师手里的教材就是一本小故事书。尽管是普通的幼儿园教师，却能够自己研发，生成语文、早期数学、科学与科技、体能、个人与群体和艺术六大不同范畴的课题，以适应幼儿发展的需要。这个过程中教师要做的事情很多，针对不同学科范畴确定主题，寻找或自编教材，确定目标，制订方案，做足准备，一一实施，认真记录，然后进行反思、总结，最后编辑打印、装订成册，做到幼儿人手一份。家长从中可以看到自己孩子的学习、发展状况，也可以了解幼儿园的管理教学情况，还可以以此为依据，帮助幼儿温故而知新。整个过程对教师各方面的能力都是一个很大的挑战，但是教师不分年级、群策群力，做得很好。这个幼儿园每年招生时，前来报名的人数远远超出了幼儿园所能够容纳的人数。报不上名的幼儿家长三番五次地前来央求园长帮忙想办法解决，甚至用做全年义工的条件来交换自己孩子的入园问题。

C幼儿园，校长思路清晰、做事条理严谨。我每次到园时，校长已经把本周的教案和下周要讨论的教案整整齐齐地放在我的办公桌上。而且我还能看到，整个学校秩序井然：每天的工作安排张贴在办公室的墙上，教师一看就明明白白，几点谁该随堂观课，几点谁该观录像课，都清清楚楚。配班教师几点到哪个班去替班，保育员几点该整理班级卫生、几点给幼儿搬床等，都在按部就班地进行着，效率很高。没有催促、没有推诿，一切都很自然、顺畅、舒适。孩子们在这里快乐、健康地生活着。

D幼儿园，园长不是本专业出身，教师们从业时间也都不长，水平也一般。但是我发现教师们却个个都干劲十足。每次我去驻校，老师们都开玩笑说："最怕你来了！"我问："为什么？"教师们答："你来了就让我们做很多教具，太累了！"我接着问："那你们以后不做了？"教师们笑答："不行！虽然累点，但是教学效果就是好。再说，现在累点，以后就不累了！"这是教师从心底发出的声音。原来，我去驻校指导，园长都要把我的指导要点一一记录，之后再和教师进一步交流，问问教师还有没有什么疑惑、还有哪些需要，无论是时间上还是物资上，都能及时给予必要的帮助、支持。教师则从自己的改变中获益良多，并把这次的收获当作下一次进步的台阶，渐渐走上良性循环、螺旋上升的轨道。教学质量逐步提升，家长也不断有好的信息反馈回来。

由此来看，幼儿园园长对幼儿园的经营和管理起着举足轻重的作用。园长的教育观念、能力水平、态度等对一所幼儿园的发展有着至关重要的作用。园长的教育观念决定着幼儿园发展的方向；园长的能力水平决定着幼儿园发展的速度；园长的态度、一言一行都对教师、幼儿有着极大的影响。**园长就好比是一群羊的"头羊"，领头羊一定是其中体格最健壮、跑得最快、听力最好，眼观六路，耳听八方，最为敏锐的，羊群在领头羊之后，是充满信任地、心甘情愿地跟着它向前走。**所以，作为"头羊"的园长，如何让自己保持"体格最健壮、跑得最快、听力最好，眼观六路，耳听八方，最为敏锐"呢？如何让群羊"充满信任地、心甘情愿地"跟你走呢？那就唯有不断地反思自己、不断地学习、多方面锤炼自己，让自己既要有先进的教育观念和理论水平，又要具备科学的管理方法；既要身先士卒，又要善于鼓励；既要有勇往直前的精神，也要有耳听八方的能力。唯有这样，才能使自己的幼儿园健康、快速地向前发展。

（作者单位：山东省泰安师范附属学校幼儿园）

29　不可忽视工作中的细节

赵　侠

"一屋不扫，何以扫天下。"人要做好大事，就得从小事做起，从事情的每一个细小方面做起。园长作为幼儿园的管理人员，也是一名公众人物，园长的所作所为往往是幼儿教师、孩子和家长关注的对象。园长对工作中的每一个环节、每一个细节的处理，也最能体现其教育理念、管理水平、工作能力和教学风范。

案例一：

有的园长往往对一些微小细节忽略不计，认为无所谓，因而引起不必要的麻烦。比如，某园长组织教师听公开课，在活动即将开始时，园长因为其他工作的耽搁，最后一个来到活动室，她穿的白色高跟鞋不仅亮丽，而且走起路来"咔咔"作响，一下子就把许多孩子的注意力吸引了过去。教学活动开始了，尽管教师充满激情地投入到活动中，不断启发幼儿，但仍有几个孩子的注意力怎么也无法集中，眼睛不时地打量着园长的白色高跟鞋，一会儿转头看看园长，一会儿又歪过头看看高跟鞋。园长则跷着二郎腿，来回交替地放脚，这更引起了孩子们的关注。虽然执教老师努力地组织教学，提醒孩子要集中注意力，但坐在园长附近的几个孩子眼睛还是不断瞄过去。因为孩子注意力的分散，公开课的效果并不理想。

如果园长提前到活动室，如果园长穿一双工作鞋，如果园长坐在孩子的后面听课……

案例二:

　　一位教师正在活动室给孩子讲故事,某园长带着几名管理人员推门而入,对环境布置、卫生状况指指点点,孩子的眼中充满疑惑,紧张地看着老师和检查人员。事后,很多孩子都问:"园长领老师来干什么?""刚才我被吓了一大跳。"

　　即使是常规性的检查工作,园长也要注意工作的方式和细节。检查最好避开孩子在园的时间,如果不好避开,我们可以换做轻敲门,与老师和孩子微笑一下,点头示意并说明原因。这样做既不会使教师和孩子们感到突然,还会使他们有一种被尊重的感觉。

案例三:

　　早操时间,教师带领孩子们进行早操活动,门外还有不少家长在观看。有一位教师的动作做得不是很到位,园长走过去,毫不客气地当面批评了这位教师,这位教师的脸上顿时充满了羞愧和尴尬的神色,一直低着头。事后,她对其他老师说:"感觉太丢人了!太没有脸面了,家长会怎么看?园长太不给我留脸面了!"

　　其实,即使教师当时做得不好,园长可以走到她面前提醒一下或事后与她交流并指正,而在大众场合下对她指指点点并严厉批评,很容易挫伤教师的自尊心,也影响了园长自身的形象。园长的出发点是想要把工作做好,但严格要求的同时,也要多用一些鼓励、支持的话语来引导教师,虽然鼓励与欣赏的话语是免费的,但它们能够创造的价值却是无限的。

案例四:

　　幼儿园的大树很美,园长疾步走来,看到风刮起树下的一片废纸、一个小包装袋,两次弯腰拾起并将其丢到楼前的垃圾桶里。随时拾起废纸屑,也许真是一件不起眼的小事,但一个不经意的动作,却体现出了园长的一个好习惯，一份对幼儿园的细心关爱。

在园长的身后也许会有许多双注视的眼睛，但无论是谁看到这个场景，都一定会露出会心的微笑。她们会想到：我们要向园长学习。这样，幼儿园的环境就会在不知不觉中被保持得更清洁、更美丽。

老子说："天下难事，必作于易；天下大事，必作于细。"园长的性格不同，工作作风也就不同。有的风风火火，有的沉沉稳稳，但不管是什么样的性格，都一定要把工作做细。从管理决策到具体实践，从面对孩子到面对老师、家长，都要从细微处入手，千万不可忽视幼儿园工作中的细节。

（作者单位：山东省平邑县教育局）

30 要重视制度的可操作性

崔玉红

当你到班组巡视时，是否会看到或听到这样的情景：教师上完课后，教具、用具摆放得随处可见；保育员做完卫生后，拖把、抹布随手乱放；孩子洗手时由于没有挽好袖子，袖口湿了大半截；卫生区域经常能看到纸屑、果皮、饮料盒等杂物；游戏角的材料浮满灰尘或破损不堪；"某某老师太缺乏责任心，我的孩子昨晚是穿着尿湿的裤子回家的"等等。随着在岗年轻教师数量的增加，这些现象越发突出。作为园长，当你看到上述不符合园里所倡导的服务要求时，你会作出怎样的反映？大发雷霆批评她们，还是按制度进行处罚，或者干脆辞掉不用这样的员工？再则喋喋不休地抱怨：现在教师的整体素质不如我们那个时候了……

可以理解，市场经济给学前教育带来了前所未有的机遇和挑战，作为园长，都希望自己所管理的幼儿园处于最好的状态，在竞争中立于不败之地。其实教师也是如此，随着就业压力的加大，能找到一份适合自己并感兴趣的工作实属不易。她们不是不想做好，但有时确实不知该怎样做才能达到园里所要求的标准。因此，遇到这样的问题，最明智的办法就是园长先进行自我反思，即避免自己生气伤身，也避免给员工带来说不出的委屈，更避免影响和谐团队的建设。

有这样一则故事，带给我很大的启示：一个小和尚在庙里担任撞钟一职，三个月之后，觉得无聊至极——不过是"当一天和尚撞一天钟"而已。有一天，主持宣布调他到后院劈柴挑水，原因是他不能胜任撞钟一职。小和尚很不服气地问："我撞的钟难道不准时、不响亮？"老主持耐心地告诉他："你撞的钟虽然很准时、也很响亮，但钟声空泛、疲软，没有感召力。钟声是要唤醒沉迷的众生，因此，撞出的钟声不仅要洪亮，而且要圆润、浑厚、深沉、悠远。"小和尚听后感到很委屈。如果主持能提前公布工作标准，使小和尚知道撞钟要撞到什么程度，或向小和尚说明撞钟的重要性，使他明白工作的意义，小和尚又怎能被调离并深感委屈呢！

幼儿园管理不也是如此吗？如果管理者事先将做事流程、做事要求明确下来，让大家理解并按此操作，就会少出现或不出现不理想的员工，也就会大大增强干群和谐的关系，实现幼儿园的奋斗目标。曾经发生的这样一件事情，让我深刻领悟到事前规范要求的重要性。

一天下午，我在幼儿园门口等人，遇到一位年轻妈妈正带着她的孩子从幼儿园出来，这时，刚好孩子母亲的一位熟人走过来，熟人说："哎呀，好久不见，君君都长这么高了。"边说边蹲下来抚摸孩子，接着大叫："哎呀，怎么弄成了这样！"原来，由于天热出汗，孩子的脸已变成了大花脸，过大的背心覆盖在短裤外，一支膀子半露着。孩子妈妈赶紧解释说："这不，刚从幼儿园里接出来。"

从家长的对话中，我明显地感受到她对我们的工作是不满意的，意思是说，我早上送去的时候孩子是干净、体面的，孩子现在的样子是因为刚刚从幼儿园接出来而造成的。当时我的脸"刷"地红了，真想冲进班里狠狠地训斥当班老师：幼儿园大会小会强调教师要富有爱心，难道这就是爱心的体现吗？可我又想，这么一来，我不正犯了"和尚撞钟"里主持的错误吗？我们虽然强调了爱心和责任心，但对具体的环节并没有作出详细的标准和要求！

于是，第二天召开的班长会上，我让大家围绕我昨天看到的一幕进行座谈，通过交流，大家一致认为：教师应当关注幼儿的离园形象，这是体现教师爱心的重要环节，应当规范幼儿离园要求，归还给家长一个更整洁、漂亮、活泼的孩子。

为了让人人都能明白这一工作具体的要求和规范内容，我一改过去自上而下的操作办法，先以班级为单位，围绕"幼儿离园时的形象应包括哪些内容"、"各内容有哪些具体的要求"等开展讨论，并形成初步的讨论稿，然后组织班长对讨论稿进行了筛选，最后从幼儿情绪、服装、面貌等细节作出六条共性要求。

就这样，一项《幼儿离园形象要求》出台了，而且这一要求出台后不久，便收到了实效。由于要求是大家共同制定的，人人熟知，因此无论是带班的、配班的、还是保育员，大家都能把工作做得十分到位。随后，我们又以同样的操作方式出台了《幼儿在园碰伤的处理规定》等一系列制度规定，深受家长的好评。

其实，人人都有想把事情做好的愿望，只是大家对要求不明确，才会出现一些不尽如人意的现象。细想一下，不难发现，我们制定的一些制度常常被束之高阁，很少有人去翻阅，甚至连园长也不清楚有哪些条款，只是为了应付检查准备的。还有些制度，标准不细、缺乏操作性，大家不明白具体该怎样做以及做到什么程度。因此，当管理出现问题时，作为园长更多的应该是进行自我反思，看看我们的要求到位了没有，标准细化了没有，流程清晰了没有，让大家在事前就明白我该做什么？为什么做？怎样做？做到什么程度？这些都是园长应该重视的问题。

（作者单位：山东大学第二幼儿园）

31 经常下班级看活动

沈佳萍

下班级看活动是园长的一项重要工作。下班级观察教师组织的活动，能真实地了解每一位教师的教学情况，了解全园的教育教学开展情况，发现问题并解决问题。下面介绍几种下班级看活动的形式：

一、全面看活动

全面看活动指的是广泛地看每一位教师组织的教学活动。这样不但可以全面地了解每一位教师的教学情况，而且可以全面掌握教师的教学水平。在开学初，通常园里的大活动不多，教师们经过假期的休整，面临一个新的起点，此时，全面地看活动，能更及时地发现问题、解决问题。如开学初我通过下班级看活动，发现有一位刚从大班调到小班的老师在教学时语速过快，孩子们根本反应不过来，而她自己似乎并没有意识到。活动结束后，在我的提醒下，她及时反思并调整了语速，在以后的教学活动中避免了因语速过快而造成的教学障碍。

二、随机看活动

事先不通知教师，目的是检查班级的常规工作和教师平常的教学准备情况。这种情况园长要注意，可提前几分钟进入教室，应避免在幼儿活动进行中闯入教室，以免打乱教师原先的教学思路和安排，影响幼儿的情绪。如在学期中期，我了解到有一个班的教学常规不好，便进行了随机听课，发现带班老师的教学活动准备不充分，在新授故事的活动中照着书本念故事，孩子们自然听得没兴趣。课后，我还没说什么，这位老师自己就感到不好意思了，连连反思自己课前没有花工夫备课，以后一定要认真备课。

三、比较看活动

同一个教学内容，我们可以看平行班两位不同的老师组织的活动，并进行比较，了解平行班的幼儿水平和教师工作。这个活动可以邀请平行班的老师参加听课，有助于教师之间的相互学习和取长补短。如我们在教研组活动中选择了"有趣的管子"这个活动，由王老师和林老师分别在中一和中二班开展活动，然后平行班的老师就教材分析、教学策略和师幼互动等方面开展研讨，这就为平行班老师们的相互学习搭建了一个良好的平台。

四、连续看活动

这一概念指的是在某一段时间专门观看某一位教师组织的活动。目的是专门了解某种情况或为了帮助其总结某项经验。如我园语言组开展的"在语言活动中培养幼儿的创造性思维"的课题研究，中班的教师积极尝试开放性提问在语言活动中的运用，我就连续几天听了中班的语言活动课，和中班老师一起归纳总结出开放性提问在培养幼儿创造性思维中的作用。

五、跟踪看活动

这一概念指的是对某位教师的教学采取周期性的指导活动，目的是帮助教师提高某方面的业务水平。如对新来的教师进行"跟踪"，我在开学初观看完新教师组织的活动后，给予全面讲评并指出问题。过了一段时间后，再观看这位新教师组织的活动，检查问题的改正情况。又过一段时间，还继续观看这位教师组织的活动，仍然针对前面的问题予以讲评。这样，在一个学期中，通过几次的跟踪看活动，这位年轻教师的教学水平得到了提高，在短时间内就胜任了幼儿园的班级管理工作。

六、全园看活动

指的是组织全园教师集体观摩一位教师组织的活动。这种活动常常用于推广某项教改经验或解决教学中普遍存在的问题。看完活动后，应及时组织活动评议，这在幼儿园中经常是以公开课的形式开展。如某位老师外出参观学习回来上的汇报课，课前，上课的老师可就课程的设计进行简单的说课，课后再谈谈自己的教学反思。听课的老师则从不同的角度进行研讨评议，发现问题，共同研讨，以解决问题。

对以上几种下班级看活动的形式只要能综合灵活地运用，相信一定能有效地提高全园的教育教学水平。

（作者单位：安徽省合肥幼师实验幼儿园）

32 让员工的牢骚成为管理智慧

金晓群

常常可以听到一些教师针对园长在幼儿园从事管理工作的表现所发的一些牢骚，而且我们发现，有些牢骚话传到园长的耳朵里，会让园长火冒三丈，认定教师"是在跟自己过不去"、"故意找茬"，园长甚至会做出一些不理智的行为。

案例：

××是一所公办幼儿园的园长，年轻时业务水平较强，是当地的一位骨干教师，原来做业务副园长时很受教师们的欢迎，教师们觉得××业务水平强，对老师们也热心指导、帮助，在教师中有一定的威望。但是，在老园长退休后，××当上了正园长，情况就完全不同了。经常有教师发牢骚，说她没有管理能力，管理思路不清，把幼儿园管得一团糟，而且又会偏爱个别老师，总是把机会给那么几个人。有些教师气不过，就到园长办公室去论理、顶撞园长，甚至集体写匿名信寄给教育局。

××遇到这种局面后，很气愤。一天，她联合助手在园长办公室，约谈某些发牢骚的教师，批评教师的行为，极力显示园长的权威。私底下，则想方设法为难某些教师，特别是在提拔、考核、评优等方面设置障碍。

"防民之口，甚于防川。川壅而溃，伤人必多，民亦如之。"意思是说，阻止人民进行批评的危害，比堵塞河川引起的水患还要严重。管理者应广泛听取基层群众的意见，不断完善和改进管理工作中的不足之处，真正深入基层，了解员工的愿望、困难和需求并帮助他们实现和解决，多开展批评与自我批评，既能体现让员工参与管理的民主作风，又能及时发现工作中的不妥，相互促进、共同提高。如果长期让员工的怨言与牢骚深藏在心中，这样做就像是在身旁埋下临时炸弹，它们随时可能爆发。如同上述的××园长，后来，炸弹爆发了，年度园长民意测评结果很不理想，最终教育局采取了换园长的做法。

教师在工作中承受着来自多方面的压力，在工作之余发发牢骚，寻求一种心理平衡，是情理之中的事。从心理学的角度讲，发牢骚是一种宣泄内心不满情绪的方式，有利于身心健康。对此，作为园长应该给予理解，不必大惊小怪，更不能小题大做。**其实，员工的牢骚话也是管理智慧，若你从这方面来重新认识问题，那么可能会得出不一样的结果，也会改变你的工作方法。你要注意听，并且分析，同时还要会引导员工更深层次地认识问题，把员工的牢骚转化为幼儿园的管理智慧。**要想做到这一点，园长不妨按如下方式对待教师的满腹牢骚。

一、设置正常通道，变背后议论为真心交流

当园长发现教师有不满情绪或出现背后发牢骚的现象时，要寻找最佳机会，为教师设置宣泄不满和发牢骚的渠道，不仅仅为达到教师心理上的暂时平衡，更是为使教师养成正确发泄不满和摆脱牢骚的习惯，尤其是女教师，更需要这种渠道。所以，要在幼儿园尽量营造开放的、人性化的心理环境，让教师随时有机会发牢骚，有对象发牢骚。让教师在幼儿园能够感受到被尊重，园长要允许教师表达与园长不同的意见和见解，鼓励教师把与园长、同事之间产生的矛盾和不理解摆到桌面进行交谈，以减少或避免教师背后发牢骚的现象。建议在幼儿园创设一个环境舒适宜人的约谈室，园长与教师、行政人员与教师、教师与教师在这里可以沏杯清茶，推心置

腹地谈心，让教师尽情倾诉烦恼；还可以通过举办座谈会的形式，就幼儿园发生的问题让教师进行讨论，提出意见和建议，等等。尽可能地建立最有效的、形式多样的沟通方式，可以保证各种信息能及时、准确地上传下达，避免众多由于信息传达不畅或者其他原因造成的误会和矛盾，拉近园长与教师的距离，从而构建和谐的"干群关系"。

二、换位冷静思考，变消极处理为理解与宽容

如果园长一听到牢骚话就采取不理智的行为，消极对待员工的牢骚，有时反而会给管理带来更大的麻烦。作为园长，做事应大气，学会换个思维角度倾听员工的牢骚话，并能报之以理解与宽容。不要一听到牢骚话就给人扣帽子："你这人怎么这样对待组织？"要理解牢骚话的含义与发牢骚者的心理，若员工是对园长个人发牢骚，园长更要进行自我反思：是我个人的行为不良而导致的吗？是我的工作方法不科学所导致的吗？是我没有很好地将幼儿园的政策与制度落实好吗？若员工是对其他管理者发牢骚，特别是对一些本来在工作中与你有矛盾的管理者发牢骚，你千万不要与员工附和。若员工对她们发牢骚，你除注意倾听外，还要进行比较思维。这位管理者为什么会让员工发牢骚呢？员工为什么会在我的面前说这些话呢？这些话对于我来说有什么借鉴作用呢？我的身上有这些问题存在吗？将此作为镜子比照自己。若员工是对幼儿园整体的管理现状发牢骚，你要分析牢骚话针对的内容所在，是在制度方面，是在组织结构方面，是在人事制度方面，是在其他管理人员与员工的不和谐关系方面，还是其他什么，等等。对于牢骚，冷静倾听，理解发牢骚者的心理，并分析牢骚背后的成因。

三、寻求解决的合理途径，变牢骚为管理智慧

员工的牢骚话在某种意义上对管理是有利的，同时也对管理者提出了更高的要求。你要倾听，要分析，要引导，更要教导，最重要的，是要从员工的牢骚话中发现员工新的思维与新的思想，向员工学习，从而提高管理水平。

如果员工所提的问题是园长自身存在的，作为园长，更要心平气和地面对教师的牢骚话，做到"有则改之，无则加勉"。要从牢骚话中不断反思自己的管理方式和工作方法，并且在反思中加以改进，不断提升自己的领导水平和管理水平，从而使园长自身的工作更加具有针对性和指导性。如果所提的问题是幼儿园的管理现状存在的不足之处，应当重视，并请教师一起商讨对策，改进管理，促使幼儿园良性发展。如果是针对个别管理者的行为，园长要在其中起润滑剂的作用，进行协调，使上下和谐共处，成为愉快的工作伙伴。

幼儿园的团队是以女性为主体的，女性天生细腻、敏感、关注小事物，也喜欢发发小牢骚，所以，在日常工作中园长要正确对待员工的牢骚。我们要做到：首先要设置正常渠道，变背后议论为真心交流，让员工能有发牢骚的机会；其次要学会换位思考，变消极处理为理解与宽容，设身处地为员工着想；最后寻求解决的合理途径，及时改进管理中存在的问题，变牢骚为管理智慧。教师是幼儿园发展的灵魂，幼儿园只有形成民主、开放的氛围，才能让教师快乐工作，让其找到工作的成就感与归宿感，从而真心地为幼儿园服务，最终使幼儿园得到良性发展。

（作者单位：浙江省温州市第八幼儿园）

33 非常时刻的"非常规"处理

王丽华

本文记述的是园长在日常管理工作中的几个小片段，是非常时刻的"非常规"处理实录。虽然这些细节往往不为人们所重视，然而，园长的处理方式却能折射出管理者的管理思想、管理理念。

一、孩子出事故时

小一班在户外活动时，林林的头部磕了一个小口子，鲜血直流。带班的教师、保健医生立即带孩子赶往医院。从医院回来，带班的赵老师来到我的办公室，已是潸然泪下、脸色煞白，勉强将事情发生的经过说清楚。从她的眼神与表情中，我已读出了她的担心与恐惧。此时，我并没有像往常那样责怪教师不注意孩子的安全、责任心不强，而是慢慢走到赵老师的面前，轻轻拍拍她的肩膀，低声说："别紧张，遇到问题要妥善处理，晚上做好家长的工作。我相信你已经认识到了事情的严重性，知道以后该怎样做了！"我的话音刚落，赵老师哽咽了。事后，赵老师主动写了书面检查，承认了自己的错误。其中有这样一句话："园长，那天您没有批评我，我万分感动，在您轻拍我肩膀的一刹那，我强烈感受到，您是我们的主心骨，您是最理解、最关心我们的人。我以后一定努力工作，争取不再出丝毫差错，否则对不起您对我的宽容与理解。"是啊，人在犯错误或遇到困难的时候，最需要的是朋友或家人的理解与支持。园长就是幼儿园这个大家庭的家长，教师的成长需要园长的精心呵护。相信每个人的心都会为真诚所感动。

二、教师忘交各种书面资料时

工作中总会有一些工作计划、教育笔记等书面资料需要及时上交。个别教师由于一时疏忽而忘了交，或因拖沓而迟交。面对这种情况，我很少在会上当众公布谁按时交、谁没有按时交，而是会按要求的时间准时将所交资料汇集到我的办公室，这样，迟交的教师要补交资料时，就必须亲自交到我这里。教师来交资料时，我会语重心长地说："我印象中的你不是个马大哈，希望下次不会这样！"或"我印象中的你不是个拖沓的人，咱们看下次吧！"我没有批评她们，反而给予她们支持性的激励，从此，她们在工作中变得积极主动了。

三、教师与家长发生冲突时

林老师是个脾气急躁、性情直率的年轻教师。芳芳的妈妈是个来自周边农村、对孩子过分溺爱的人。一天，芳芳被小朋友无意间划伤了脸，只是伤到了表皮，并不严重，但芳芳的妈妈却不依不饶。正巧我查班遇到此事，我首先替林老师向家长承认了工作中的疏忽，然后面带微笑，俯身抱起芳芳，对芳芳的妈妈说："您心疼孩子的心情我非常理解，若是换了我，我也会很心疼的，可是小孩子犯了错误，我们怎能去追究呢？要追究，就让我来给您道歉吧！"我诚恳的话语，打动了芳芳的妈妈，她的脸色慢慢由阴转晴，不好意思地说："没关系，园长您忙着，我们走了。"我以自身的行动向教师诠释了"责任心、爱心、同情心"和"如何带着感情做工作？"临走时，我送给林老师一句话："冰山总会为阳光所融化，甘做一缕金灿灿的阳光吧，带给别人温暖与快乐的同时，自己也会与幸福相伴！"没想到，这件事竟对林老师的教育观念与行为产生了巨大的影响，这是我在学期末保教经验交流时，由林老师的发言中和在事后对林老师工作的观察中得到的答案。教师、家长对孩子的教育强调身教重于言教，而园长对教师的管理、教育又何尝不是这样呢？园长要善于以自身的人格魅力影响身边的每一位教师。

四、教师提出不同意见时

教学研讨时，思维活跃的教师有时会提出不同的意见，这时，我从不忙于否认或为自己辩解，从不为自己的权威和地位担忧，因为我相信在教改研究中没有绝对的权威，大家是在共同探讨中共同成长。我从不让教师被动接受某种观点，而且对教师勤于思考、敢于求异的做法给予鼓励与表扬。因为我深知园长是教师专业成长的指导者，而指导是对话，不是独白。

在"装饰"教学研讨活动中，我们开展了以鼓励幼儿大胆尝试用不同的方法装饰瓶子为内容，以培养幼儿动手能力及创造性思维为目标的"装饰瓶子"的观摩研讨活动。有的教师一开始就出示了已装饰好的瓶子作为范例，让幼儿先观察再动手进行装饰；有的教师则采用有趣的导入，激发幼儿的学习动机，为幼儿创设学习背景："今天，瓶子家族要举行选美大赛，我们每个人选一个自己喜欢的小瓶子进行打扮，去参加选美大赛好吗？"随后让幼儿思考自己的装饰方案，并根据自己的设想自由选取装饰材料，再动手装饰。待大部分幼儿完成作品并进行交流时，教师才出示自己运用不同表现形式装饰的瓶子，即教师的作品，让幼儿欣赏。

集体研讨时，采用前一种方法的教师认为，先出示范例，能丰富幼儿的想象，避免了幼儿无从下手的情况，可以确保幼儿装饰活动的成功，增强自信心。采用后一种方法的教师认为，活动的目标是培养幼儿的动手能力及创造性思维，教师先出示范例，会导致幼儿的作品与教师的范例雷同，会使幼儿的思维受局限，禁锢幼儿的想象。活动开始时，应让幼儿在有趣的学习背景下，充分展开想象，自由装饰；幼儿遇到困难时，教师以适当的方式给以适宜的指导或帮助，待幼儿完成作品进行交流时，教师再出示采用不同的装饰材料及方式完成的作品，供幼儿欣赏，这样能扩展幼儿的思维及想象空间，开阔幼儿的视野，更有利于幼儿创造性思维的发展。

教师之间进行对话，观点相互碰撞后，我引导教师根据活动目标，对以下两个问题进行剖析：

1. 若是以让幼儿学习图案装饰，如二方连续或四方连续为活动目标，采用哪种教学方法更科学、合理，更有利于幼儿主动学习？

2. 若是以鼓励幼儿大胆尝试用不同的方法装饰瓶子，培养幼儿动手能力及创造性思维为活动目标，采用哪种教学方法更有利于幼儿创造性思维的发展？

就以上两个问题与教师进行深度探讨后，我们达成共识：以让幼儿学习图案装饰为活动目标时，可以先出示教师的范例，使幼儿通过观察，发现二方连续及四方连续的规律，再让幼儿自主尝试装饰活动；以鼓励幼儿大胆尝试用不同的方法装饰瓶子，培养幼儿动手能力及创造性思维为活动目标时，在活动开始，幼儿的思维最好不受任何限制及影响，教师的范例最好在幼儿的创作活动结束后出示，以扩展幼儿的思维，使其开阔眼界。

通过对话，教师获得了教育策略，提升了教育观念，促进了教师的专业成长；通过对话，园长与教师之间相互作用、相互依托、相互激发与创新。因此，园长要善于捕捉研讨活动中有价值的信息作为对话内容。

无论是日常管理工作，还是教学研讨活动，我都鼓励教师要有敢于说"不"的精神，注重对教师的"敞开"和"接纳"，注重与教师之间信息的传递、思想的互启、观点的更迭、情感的激发、智慧的提升。只有这样，幼儿园这个大家庭才会有不竭的生命力，才会越走越远，越走越好。

（作者单位：河北省迁安市光彩幼儿园）

园长要重视教科研

幼儿园管理分高低两种层次。低层次管理的特征是忙于应付日常事务；高层次管理则是关注幼儿园的长远发展，而关注的核心则是教师的专业发展。

——辽宁师范大学学前教育系　邹晓燕

只要自己的眼光能始终聚焦教师的专业发展，我们就能仰视国内外一流的幼儿教育，平视自己身边的每一个孩子，俯视发生在自己周围的教育现实，努力创造自己的东西，实现自身的发展！

——上海市实验幼儿园　邵乃济

园长脱离教学岗位，各种行政方面的事情繁多，教育理论学习和实践的机会都有限，如果不努力学习就会落伍。而带班是一条很好的途径，通过带班，既学习实践了新的教学理念和方法，也提高了自身的教育水平。

——安徽农业大学幼儿园　尹紫昕

34 园长要重视教科研

邹晓燕

幼儿园管理分高低两种层次。低层次管理的特征是忙于应付日常事务；高层次管理则是关注幼儿园的长远发展，而关注的核心则是教师的专业发展。

说到教科研，大家都不陌生，因为这是幼儿园的一项工作内容，但是各个幼儿园的教科研水平差异非常大，由此导致了教师专业水平的差异也是巨大的。那些教科研做得好的幼儿园，教师专业水平较高，因此，她们的理论水平、教科研能力和教学水平也会得到较高层次的发展。所以，教科研与教师专业发展之间是相辅相成的关系。通过开展教科研这一途径，可以有效促进教师的专业发展，而教师的专业发展又反过来可以促进教科研的水平提高，这也是我经常和一些幼儿园的领导强调教科研的重要性的原因。那么，如何通过教科研促进教师专业发展呢？我认为，应该从以下几个方面入手：

首先，园长要从思想上重视，并要建立科研管理网络。要把教科研落到实处，园长必须从思想上认识教科研的重要性，不能把教科研当成差事来应付。有远见的领导应该充分意识到教科研的重要性，并在日常管理中把教科研作为评价教师工作业绩的重要指标，只有这样，才能调动教师从事教科研的积极性；同时，要建立从园长、教学园长、教科研主任、教研组长到教师这样的一个管理体系，保证各项教科研工作的落实、检查和反馈。

其次，做科研课题。一项科研课题的完成过程也是教师提高自身的教育理论水平和研究能力的过程。做科研课题应该是先跟着专家做课题，然后到教师自己独立做课题。这是因为，如果没有人引领，幼儿教师自身科研素质的局限性会导致教科研水平无法提升，会走很多弯路。因此，跟着专家做课题也就成为幼儿园教师提高教科研水平的捷径。专家的作用在于可以为教师进行理论讲解，并给予具体的指导，还会像带研究生一样手把手、有针对性地指导每一位教师。这对幼儿教师来说都是非常必要的。一般而言，跟着专家做课题 3 年以后，教师就可以学着自己申报课题，可以从申报市级课题开始到申报省级课题。在这个阶段，专家引领是不可缺少的，专家可以从选题、查找文献资料、确定研究方案到做结题报告的全过程给予指导，这种指导既可以是面向全体的，也可以是一对一的。这个过程大概要 2~3 年，在经过这个阶段之后，园长或教师基本上都可以独立申报课题。教师独立完成课题并获得各种奖项，可以极大地促进教师参与教科研的积极性，从而促进教师的专来发展。

第三，优化教研活动，使教研活动经常化、制度化。教育教学水平是衡量教师专业水平的核心，而教师工作的个体性特征比较明显，相对而言比较独立。因此，对于青年教师来说，要有人带，对于有一定教龄的教师来说，也需要向他人学习。要提高教师的教育教学水平，就要进行常规化的教研活动。当然，在教研观摩活动中，有专家点评是最好的。有水平的专家不但可以从理论的高度来评价教师的教育活动，发现问题的本质，同时还会给予教师具体的、有可操作性的指导。幼儿园可以在专家点评的基础上进行集体备课，研讨热点、难点问题，提高教师的反思能力。

可以说，如果园长重视教科研，并有效地落实教科研的管理工作，经过 5~8 年左右，不但全园教师的专业水平会有很大的提高，幼儿园也会得到很好的发展。

（作者单位：辽宁师范大学学前教育系）

35 始终聚焦教师的专业发展

邵乃济

一、从"工作用人"到"工作育人"

教师的专业发展是一所幼儿园发展的根本，所以，园长工作的重要职责之一，就是在不同的时期、不同的场合，运用不同的方法对不同教师的专业发展进行有效的推动。所谓"推"与"动"，一是"推"者的发力，二是"动"者的用力，二力要形成合力，才能谓之"推动"。而合力的基础是理解，这种理解，不是一种表面的、简单的认同，而是一种深入内心的心灵对话，可以将其归纳为八个字——识才、容才、育才、荐才。

"识才"——辨识青年教师的专业潜力、基本专业素养和专业优势，帮助她们制定专业发展目标。

"容才"——理解青年教师的想法，宽容对待教师的发展倦怠期，容纳教师的成长过程中的一些不足，帮助她们形成持续发展的追求目标。

"育才"——精心培育青年教师的教育理想、教育观念、教育能力，帮助她们形成自己的个性特点和教学风格。

"荐才"——推荐青年教师在高一层次的平台上进一步接受挑战、经受磨炼，帮助她们成为在工作中发挥重要作用的人才。

担任园长18年来，我始终坚持将目光聚焦在教师的专业成长上，关注她们成长过程中的每一个细节，已有25位教师在我的细心带教下获得了市、区级各类教学评优活动的奖项，并为其他幼儿园输送了5位青年教师担任园长等领导职务。

作为领导者，会用人是很重要的。但在实践工作中，育人比用人更加重要。因为，只有源源不断地培育出有用的人，才能谈得上去使用这些人，而用人的最终目的是让她们在发展事业的过程中成就学校。

二、从"个体优势"到"整体优质"

随着教育理念和教学实践的不断发展，我越来越清楚地看到：建设学习共同体，促进全体教师的专业成长，是保障教育公平、保障幼儿发展、形成幼儿园核心竞争力的重要问题。于是，我着力构建了包含以下内涵的园本研修制度，以主动发展为主旨的履职机制，以专业引领为先导的对话机制，以叙事研究为特征的反思机制，以实践探讨为重点的研究机制和以专业成长为目标的激励机制，落实以"基于教师、在教师中、为了教师"为主旨的研修方案，以幼儿园教育中面临的突出问题为主要研究内容，从而提升教师的教育智慧，提高幼儿园的保教质量，在实践中把教师的"个体优势"转化成为整体的"优质"。我们开展了三个层面的研究：

第一层面——研究"探索型主题活动"，重构"教"与"学"的观念；

第二层面——"解读童心"，确立发展的儿童观和课程观；

第三层面——"走进课堂"聚焦教学中的困惑、难点，提升教师的教育智慧。

通过幼儿园"探索型主题活动"的研究，我们懂得了要让孩子从只会记忆式地学习到主动发现、探索问题式地学习；从被动地吸纳各种信息，到主动地收集、处理各种信息；从单一的幼儿园课堂学习到走向自然和社会、全方位地学习。明白了教师要尊重孩子的"一百种……"，站在儿童的经验、思维角度上看待他们的表达、表现。要在理解、欣赏中去实施"教"。

而"解读童心"的研究，则使我们对儿童的"寻常时刻"有了较为深刻的理解。

我们的教师从拿着摄像机无从下手，到会记录儿童的寻常时刻；从看了记录不知所云，到学会通过重温和对话，去反思已经发生的事情，从而提出新的、更具挑战性的问题。由此可见，教师们在观念、实践、策略上都发生了可贵和可喜的变化。

"走进课堂"让我们直观地了解教学中的难点和困惑，并把观察、解读到的信息作为我们实施有效教学的依据。

2002年，我们幼儿园在初次参加"上海市示范性幼儿园"评审活动中名列前茅；幼儿园还连续两届荣获"上海市教育科研先进集体"称号；2004年6月，由我园教师编撰的《解读童心》一书由百家出版社正式出版发行，该成果荣获"上海市第二届学校教育科研成果评审"二等奖、"普陀区第九届教育科研成果评审"一等奖。我们还作为上海市的七位代表之一，在2005年8月全国贯彻、落实《幼儿园教育指导纲要（试行）》交流会上发言；幼儿园有73%的教师参与了市教研室《幼儿园探索型主题活动案例与实施》、《幼儿园探索型主题活动案例100例》两本课改指导用书的编写。

三、从"融入"到"介入"直至"投入"

2006年11月，我经历了园长生涯中的一次重大变动——到上海市实验幼儿园担任园长。管理一所有着22个班级的大型示范园，这对我是一个巨大的挑战，我感到压力很大。经过不断的思考，我想：作为一个资深的园长，要善于从自己的工作强项入手，利用强项去扩大影响，取得教师们的信赖并得到她们的支持。然而，个人强项的发挥要基于对这个幼儿园的了解和分析，要调查情况，摸清家底，就必须"沉下去"，然后在分析判断中"浮起来"。要做到"沉"就必须先"融入"，要做到"浮"就必须去"介入"，然后与大家共同投入，实现幼儿园发展的新目标。

最初的三个月，我首先走访了每一个教师的教育现场，观看了所有教师的教学活动，了解每一个教师的教育教学水平和基本能力，使自己初步了解了实验幼儿园保教工作的现状。而后，我设计了一张调查问卷，通过调查了解教师对现有课程、园本研修和专业发展的看法和意愿，掌握了教师的思想动态。之后，我努力站在实幼教工的位置上思考问题，与教师们就新课程的实施和实幼的保教工作做了深入的交谈，开展了针对实际的现场探讨，让教师们开始领略了我的"强项"。慢慢地，越来越多的教师愿意与我交流教学活动，我们的话题也越来越广泛和深入。我用自己的"真本事"完成了"融入"的第一步。

有了"融入"这个前提，我开始逐渐的"介入"。

● "介入"管理

我在调研的基础上，设立了"三部联动"的幼儿园管理机制，围绕幼儿园的办园目标和提升保教质量的中心思路，明确各部门的工作范围和具体职责。建立了对中层干部的目标管理制度。将幼儿园全年的工作分成一个个项目，由教工自行组织项目组，参与这些项目的实施。

● "介入"课堂

我采取了三大策略提升保教工作质量：一是通过"家常课"来促进教师对课程的关注和思考，考虑"我们到底教什么"的问题；二是运用"展示课"研究"我们应该怎么教"的命题；三是依托"研究课"锻炼教师实施课程的能力，重点破解"怎样才能教得好"的难题。我始终坚持亲临现场、亲自研究、亲身体验，与教师共同探讨教育问题、答疑解惑、共同建构。有时，为了帮助教师解决一个难点问题，我不断地思考并调整方法；有时，为了让教师更真切地感受如何才能有效地与孩子互动，我亲自执教，并把自己的活动实录下来，在教研活动中与老师重温、分析和反思，鼓励教师发问。帮助教师们认识上好每一节课对孩子的发展的重要意义和作用，以及对自身专业发展的价值和推动作用。

通过"介入"，我又多了一份经历和感悟，再一次积淀和过滤了自己的实践经验，让我明白了一条颠扑不破的真理：一所幼儿园的发展依赖于每个教师的专业发展。优质的保教质量和优秀的师资队伍，是促进幼儿全面、和谐、有效发展，推进幼儿园持续发展的根本保障，是提升幼儿园核心竞争力的不竭动力。

　　说到"投入"，我认为，这是一种态度，一种行为，也是一种境界，一个理想。我坚信：只要自己的眼光能始终聚焦教师的专业发展，我们就能仰视国内外一流的幼儿教育，平视自己身边的每一个孩子，俯视发生在自己周围的教育现实，努力创造自己的东西，实现自身的发展！

（作者单位：上海市实验幼儿园）

36 促进教师的个性发展

刘学军　任英春

个性是一个人在思想、性格、品质、意志、情感、态度等方面不同于其他人的特质，这些特质表现于外，就是他的言语方式、行为方式和情感方式，等等。有个性的教师，具有自己的独特的思维，他们的思想是自信、开放的。而在现阶段，如何引领教师高效地、有个性地发展，则是幼儿园园长面临的新挑战。

案例：

在某幼儿园，园长能因材而用，让教师展示自我。近年来，英语教学进入幼儿园，该园园长将任务放在了一位毫无工作经验但是具备英语专业知识的老师身上，给予她鼓励、信任，与她一起共同探索、共同进步，使该园在第一时间摸索出了一套独特的幼儿英语教学方法，顺利通过了省幼儿园英语教学示范园的验收。此外，该园还有在舞蹈、绘画等方面具有独特风格的教师，园长也为她们搭建了相应的平台，如兴趣班、特色活动、演出等，使该园的声誉得到不断提高。

有些幼儿园习惯用统一的标准评价教师，只注重教师共性的培养，却忽视促进他们的个性的发展。而这些共性的培养并不太适合教师的个性发展，没有更高的要求，缺少有效的激励教师自主发展的机制，致使一些骨干教师出现了职业倦怠情绪。而对教师的"严格规范"，也使得教师自由发展的空间越来越小，主动性和创造性也越来越差。

我认为，要让每一个幼儿都富有个性地发展，首先要让每一位教师都富有个性地发展，而幼儿园要自主发展，园长就应该为教师的自主发展提供空间和机会。没有个性，也就很难有创造性，教师的发展也就失去了动力，工作上也很难有独特的想法。因此，如何解放教师的思想，发展教师的个性，是当前工作的重点。作为园长，要促进教师富有个性地发展，就要和教师站在同一起跑线上，转换观念角色，面向社会，共同发展。那么，怎样才能做到、做好"共同发展"呢？

一、要建构开放的、动态的、有利于教师自主发展的多元化评价体系

教育评价是教师运用专业知识，审视教育实践，发现、分析、研究、解决问题的过程，也是其自我成长的重要途径。园长应努力避免用一次性的结论评价教师，而应该用发展的眼光，让教师的特长和才能在工作中得到体现和发挥，让每一位教师在保持各自强项的基础上共同进步。同时，园长还应该给教师提供足够的时间和空间来实施活动计划，从而不断地研究、改进教学实践，使他们的积极性、主动性和创造性得到充分的发挥，使教育评价成为提高教育质量、促进教师自我成长的必要手段，从而实现每一位教师富有个性地发展，满足教师主体性发展和可持续发展的需要。

二、要营造积极向上、民主平等、宽松宽容的心理氛围

这是满足教师实现自我价值和社会价值的需求，发挥其自主性和主体性的重要手段，园长要学会"放权"，支持教师进行自我管理，为他们创设自主灵活、稳定健康、积极向上的时间和空间，让他们在更多的尝试中获得多样化的体验。只有这样，才能激励教师自我完善、积极进取。

正如世界上找不出两片相同的树叶一样，也找不出一模一样的两个教师，只有承认教师之间本来就不同，发现教师的个性特征，开发他们的潜能，才能塑造个性各异的教师。因此，我们应该承认，教师是有着独立人

格、尊严和独特个性的人，不是单纯的教育教学活动或教育理念的执行者，而是以主人翁的方式对待教学，拥有自主话语权和选择权的教育工作者。

三、要树立"以人为本"的思想

作为园长，要树立"以人为本"的思想，不管面对的是一群什么样的教师，不管其专业素质是高是低，业务经验是否丰富，都要对她们有积极的期望，尽可能多地为她们找到发展的目标，相信她们的潜能和能力，鼓励她们积极地发展自己的专业特长。只有这样，才能发挥教师的积极性、主动性和创造性，才能使她们不断学习、大胆尝试，富有个性地发展。

为了激发教师自身发展的内在动力，使教师的个性得以张扬，园长可以建立教师成长档案，让每个教师对自己的职业发展进行记录、总结和规划，并量力而行，对自己未来的发展，提出富有挑战性的目标。只有通过自主规划和发展，教师才能实现由"要我发展"变为"我要发展"的个性意识的转变。

任何外在的强制性的权威手段，都只会束缚教师个性的发展，园长应该把人放在第一位，寻求适应教师心理的情感管理，学会承受和包容。工作上多理解、多支持教师，生活上多关心教师，与教师保持融洽的、亲情式的关系，平等自然地与她们相处。全面深入了解教师们的想法和感受，包括她们的成功与失败、困难与困惑等。比如，园长在查班时，应带着欣赏的眼光去巡视，而不是带有挑剔的眼光去找毛病。在这样一个尊重与被尊重的人文环境里，园长与教师不仅是上级与下级的关系，更是朋友、亲人的关系，这样的交流是真诚的、高效的，也会让教师感受到被尊重和被需要的情感，有利于教师富有个性地发展。

开展系列的活动，为教师创造机会，提供展示的舞台，鼓励教师参与幼儿园管理，并对幼儿园的各项工作畅所欲言，以便提出各种有可行性的见解；岗位选择以竞聘形式进行，以全体教师评选为主；提倡班级特色式管理；预约公开课，允许教师在教学行为、教学思想、教学方法上享有充分的自主权；允许教师有各种健康的兴趣和爱好，园长应及时对教师进行评价、激励和引导……

总之，园长要实现民主管理，就要坚持以人为本的原则，充分发挥教师的主体地位，只要她们成了幼儿园的主人，自然就会爱岗敬业，能激发起旺盛的工作热情，幼儿园也会成为"春意盎然"的乐园。

四、捕捉闪光点，彰显在团队中的价值

园长要善于捕捉教师身上的闪光点。园长对教师的认识，应该"眼中更多的是欣赏，心中更多的是欣喜，口中更多的是赞叹，行动中更多的是支持和鼓励"。要用发现的眼光关注每一个平凡的教师，捕捉她们身上的闪光点，彰显她们在团队中的价值，只有这样，教师才能体验到生命的价值和职业的幸福感。

园长应尊重不同性格的教师，善于发现她们的优点，多看她们的长处，使其强项得以发展。对每个教师各个方面的不同情况做到心中有数，并根据其身体、能力、性格、心理状态等方面的情况，合理搭配班级组成，使班级成员发挥所长、优势互补，提高工作效率。

此外，园长应根据自己捕捉到的信息，进行"结伴互助"活动，可以小组互帮，也可以个体互帮，不定时地进行小组或个人交流，形成以园长带头、教师为主体的带教模式。这样，可以让更多的教师发挥特长，展现个人魅力，达到共同发展的目的，进而优化幼儿园的组织结构。

（作者单位：河北省迁安市光彩幼儿园）

37 适当给予教师进步的压力

陈 磊

　　这次，幼儿园有两个出国短期培训的名额。在确定人选的时候，园部出现了不同的意见：有的人认为，出国学习，语言能力直接影响学习的效果，应该选派外语比较好的老师去学习；有的人认为，学习的关键还是要看教师回来以后能否在实践中加以转化，所以有行动力的老师比较适合。最终，我们定下的两位教师并不是外语出色的，而是工作踏实勤奋的教师。当我去通知她们时，两人在兴奋之余也倍感压力，其中一位教师还对我说："陈老师，谢谢园部给我这个机会，但是你看我行吗？我的外语基础比较差，不行你换人，我没有意见。"

　　我听了很受感动，于是鼓励她说："还有几个月时间，你好好准备，一定行的。"我还结合自己的经历，现身说法，让她明白，外语学习只要下了工夫，一定能学好。听课的时候只要课前做足功课，一定能听懂。

　　很快，她们两个从国外培训归来，导师对她们俩的评价很高。两个人在班级里的活动也搞得有声有色，她们的教室环境布置得别具一格，透露出浓郁的自然气息。她们见到我也很兴奋，连连说自己出去前请了外教补习英语，还经常拉着先生一起练习口语。经过这次培训，自己的英语水平有了突飞猛进的提高，既学到了专业知识，又提升了英语水平。

　　这件事让我很有感触，俗话说，"没有压力就没有动力"。在这位教师身上，我看到了压力所带来的动力。在管理中，我们常常不希望让教师感觉到压力的存在，好像压力是个贬义词。其实，在心理学家看来，压力是正常的，适当的压力有利于健康。适度的压力使人成长、使人成熟，具有积极的作用。而作为园长，就应该为教师施加适度的压力，促使她们不断进步。

一、给予教师进步的压力，就要信任教师有自我发展的能力

教师的专业成长，就是一次次地在能力极限的边缘挑战自己的过程，只有经过一次次跳跃式的积累，才能成就一位优秀的教师。要给教师进步的压力，管理者首先要信任教师自我成长的潜力，给予教师挑担的机会。

在日常管理中，园长要给教师提供"跳一跳，摘到果子"的机会。例如：我们在校园中实施了项目负责制，把每学期的大活动设立成项目，让教师轮流担任项目责任人；我们把幼儿园的开放教学活动计划公布，让教师轮流报名参与，给予每个教师展示、锻炼自己的机会。这些机会和挑战不仅激发了教师自我成长的愿望和动力，也让管理者清楚地了解到每位老师都是独特的，都有她们自己的长处和优点。

二、给予教师进步的压力，就要营造良性竞争的氛围

竞争是每个社会成员都不可避免的，也是社会进步的有效催化剂。竞争是发展的源泉，没有竞争就没有发展。因此，幼儿园要发展，也离不开竞争。但是，我们应该建立什么样的竞争机制呢？良性竞争机制能够有效地发挥教师潜在的能力，激发教师在教学工作中更加努力，使其持续地改善自己的教育行为。竞争的目的是激励，而不是淘汰，是创造种种优越的条件让优秀教师脱颖而出，并且承认人与人之间存在个性能力的差异，客观地看待教师的缺点，有效地挖掘教师的特长，从而使每个个体在原有基础上充分地成长。

教师是幼儿园教学的主体，竞争机制不应该只体现某些领导的意志，而应该让教师们来制定大家都公认的竞争机制，因为竞争机制只有体现广大教师们的意志与愿望，才能够得到她们的拥护支持与贯彻落实，否则，一切只会变成美丽的泡沫。我们鼓励通过分享交流来促进教师间的良性竞争，而且创设了《教研简报》、《园所互通车》和"教师沙龙"等平台让教

师间互相分享经验和教学成果，让教师从中看到他人的长处和自己的不足，萌生自我进步的压力和动力。此外，我们还推行了"教师个人发展规划"、"展示性考核"、"团队考核"等评价制度，让教师参与到教学评价中来，让教师主动承担自我成长的责任。

三、给予教师进步的压力，也不能缺失管理的个别化支持

一根弹簧一直承受过重的压力，它的弹性就会消失；一个人一直承受过重的压力，总有一天会精神崩溃。每根弹簧的弹力系数是不一样的，每个人对压力的承受能力也是不一样的。压力过大，往往会给教师带来挫折感和畏难感。因此，园长在给予教师进步的压力时，一定要把握好适度原则，因人而异，注重在过程中给予教师个别化的人性关怀和支持。

记得有一次，一位年轻的保育员老师要跟随我去海南讲课。她压力很大，几次跟我商量，能否换成教学教师去讲。考虑到保育是我们幼儿园的特色，一定要培养一支会做能讲的保育队伍，于是我建议她先试讲给我听。第一次试讲时她找不到感觉，缺乏条理，讲得有点乱，主题不够突出。对此，我先是肯定了她准备的讲课内容，提出她在生活教育上积累了大量很精彩的案例。然后和她一起磨主题，帮助她理清思路、把握理念，讲稿顺利完成了，但她还是没有信心，觉得自己没有上台演讲的经验。于是，我组织几次活动，分别让她在保育员培训活动和全体保教人员会议上讲课。慢慢地，她的讲课不再像刚开始时那样条理不清了，外出讲课轮到她上台时，她一开始还紧张得声音都有些发抖，但是讲着讲着，就慢慢放开了，最后，她的讲座得到了大家一致的好评。因此，管理者在给教师加压的同时，一定要及时和教师沟通，发现教师的情绪问题，调整任务的难度或者给予资源和策略上的支撑，只有这样，压力才能真正转化为教师成长的动力。

（作者单位：中国福利会托儿所）

38 园长要适当带班

尹紫昕

近年来，幼儿教育的改革日趋深入，新的教育观念与方法层出不穷。作为一名园长，特别是直接管理着教育教学工作的业务园长，更要注重加强学习、更新观念。只有加强自修，努力提高自己的教育教研能力，争做一名素质优良、业务精通的幼儿园管理专家，才能调动教师在教学过程中的积极性，从而提高保教质量。

最近这一学年，由于参加安徽省教坛新星的评选，为了更好地了解幼儿心理发展的过程，提高自身的教学水平，拉近和孩子们之间的距离，我进入中班带班。在成为业务管理者、脱离班级的这几年，我的业务管理水平虽然有所提高，但是对于班级工作，特别是和孩子们之间的那种亲密感却变淡了。初进班级带班时，我甚至有些手足无措，也进一步体会到了班级工作的琐碎、繁杂，需要教师更多的耐心与细致的观察。在这个既是管理者，又是带班教师的特殊位置上，我既能体会到一线教师的责任和遇到的困难，又可以站在管理者的角度认识制度落实的情况。同时有了许多新的体会，也更加认识到园长深入班级带班的重要性。

园长带班的好处很多，首先，园长适当带班，对于保教工作能深入一线，了解困难。实践出真知，有调查才有发言权。园长深入班级，亲自执教，成为了一名一线的保教工作者，这更方便对班级工作的了解，使管理工作更加深入。幼儿园的班级工作是繁杂的，常常会遇到这样或那样的问题。园长有很多问题都需要和教师交流，但教师往往无法真正理解园长的建议，有时候虽然帮助教师解决了问题，但事实上教师并没有得到帮助。

因此，园长适当地在班级任教，可以帮助班级解决很多实际问题，用实际经验引领教师把理念运用到实践中去。

其次，园长适当带班可以对幼儿园制度制定的合理性、科学性有更好的认识。幼儿园的管理制度并不是"一次成型"的，制度要制定得科学合理，符合本园的实际情况，这就需要园长深入教学第一线，密切关注幼儿、家长和教职工，了解他们的需要，从而为制定合理的制度获得第一手资料。幼儿园的管理制度对教职工的发展起着导向作用，也最能影响教职工的情绪，影响教职工的工作积极性和主动性，所以，管理制度科学、合理非常重要。园长成为教师中的一员，更能了解这些管理制度制定得是否合理，还可以帮助教师根据自身的发展和特点，制定符合本园实际的管理制度，激发教师自我管理的热情。这样，制定出的制度既克服了只站在管理者角度看问题的局限性，也更趋于合理，教职工也更容易接受。

再者，园长适当带班，深入到幼儿园工作的第一线，可以切身体验到教职工的甘苦，理解教职工的心情，对于教职工在工作中遇到的各种实际问题，都能了解并及时解决。这对于提高教职工的工作积极性、增强园长的凝聚力是很有帮助的。幼儿园教师是一个以女性为主的群体，女性本身所具有的情感特点，使她们易受家庭、婚恋、社会等多种因素的影响，所以经常会有不良情绪干扰她们的正常工作，而幼儿园的工作性质又特别需要有一个良好的心境，所以，园长一定要有敏感的心思，及时了解原因，及时沟通，并采取多种方式，帮助教师解决困难，尽可能满足其合理需要，化解其不良情绪。园长在班级任教，可以在第一时间地了解教职工的困难，在她们需要的时候尽力去帮助她们，这样会给教职工以情感上的支持与帮助，使她们感觉到集体的关怀和温暖，不良情绪也会在一定程度上得以化解。

当然，园长适当带班，对于园长自身素质的提高也是有帮助的。由于幼教事业发展迅速，思想理念需要不断更新，作为园长，更应该走在前列。**而由于园长脱离教学岗位，各种行政方面的事情繁多，教育理论学习和实**

践的机会都有限，如果不努力学习就会落伍。而带班是一条很好的途径，通过带班，既学习实践了新的教学理念和方法，也提高了自身的教育水平。

具有较强的业务素质是时代的需要，是胜任园长工作的前提。园长要善于学习、勤于思考、勇于实践，不断构筑自身合理的知识结构，这样，才能在工作中做到游刃有余、得心应手。作为园长，必须身体力行，走在前或者跑在前，用自己的人格和良好的自身素质，给全体教职工作出表率，只有这样，才能成为合格的园长，也才能把幼儿园的各项工作开展得有声有色。

（作者单位：安徽农业大学幼儿园）

39 让新入职教师有良好的工作起点

李 丹

教师流动性大的问题一直困扰着一些民办幼儿园。造成这一问题，原因是多方面的，薪水福利、工作环境、自身价值观等诸多因素的影响，促使青年教师屡屡跳槽。在市场经济大潮的冲击下，幼儿教师的价值观有所改变，本无可非议。民办幼儿园员工端的不是"铁饭碗"，使得她们更频繁地流动。但如果能将员工流动率控制在10%左右，就易于形成良好的园集体，这是作为园长都期盼的，因为师资队伍的相对稳定可以保障骨干教师队伍的不断壮大。那么，员工们频繁地流动，园长们又做过哪些反思呢？

案例：

A教师好学且敬业，学前大专毕业的时，由于家庭经济困难，选择去广东某市民办园任教，在广东的三年间曾在两所幼儿园工作，薪水可观。三年后回到家乡，经同学B教师介绍来我园应聘，对于已有三年教龄的专业教师，园长是很欢迎的，对她的期望值也较高。我园的薪水不如广东，但A教师为能照顾家庭而留下来工作。

由于A教师已有三年教龄，园长安排了一位能力较弱的教师与她配班。两个月后，无论是她自己，还是全园的教师都明显看出：A教师的业务水平远不如另一位一直在我园任教的B教师。对班级环境创设、组织区角活动、课堂教学等工作都完成不好，A教师非常着急和内疚。园长通过多次观察发现，A教师好学、敬业，便引导A教师将工作中的困惑多与其他教师交流，积极参加园内各项教研活动，并指派业务园长、教研组长定期下班去指导 A 教师。在园长的暗示下，A 教师的同学 B 教师经常放下手中的工作，到 A 教师班里去帮助她进行环境创设，其他教师也纷纷向她伸出援助的手，一个良好的园集体很快将 A 教师融入进来。她虚心地向全园教师请教，每天晚上到资料室借阅图书，上网查询相关资料，进行业务学习。

一个学期结束了，A 教师的业务能力有了很大的提高，她感慨地说，这半年的工作经历比以前三年工作的收获都大得多。一年后，A 教师在我园担任了主班教师，并主动要求与园里签订三年以上的劳动合同。A 教师认为，自己从事幼教工作四年来，只有在我园这一年，使她找到了职业中的成就感和幸福感。

我园创办六年来，教师队伍中 50% 以上的人曾有过 A 教师的经历，她们有的工作多年，却没有参加过教师职称评定，有的教师资格证还没有考下来。她们曾多次跳槽，在工作的最佳年龄段里业务水平得不到提高。这是值得园长们深思的。

那么，如何才能提升教师对职业的幸福感、对工作的责任心和对单位的认同感呢？

首先，园长应考虑为教师提供一个良好的工作环境，规范地为教师解决工资福利、职称评定、晋升问题，让教师们有安全感。

新入职教师的业务积累的最佳期一般在前五年，因为随着年龄的增长，年轻的教师们到了谈婚论嫁、生育的时期，工作的精力难免受到影响，如果此时仍尚未有良好的专业积累，是很难跟得上幼教事业发展的。新教师自身往往并不能意识到这一点，需要园长以饱满的职业热情对新教师进行专业引导，细心地观察每一位新教师，发现她们各自不同的优点和弱点，并进行有针对性的指导。如上述的 A 教师，在工作中有困难时，她并不愿意说出来，园长发现后主动与她谈心，告诉她幼儿园是个优秀的专业集体，会帮助她很快成长，并指导 A 教师主动去向大家求教。

对于新教师，还应不断以"充电"作为抓手，鼓励教师积极参加继续教育和职后培训。在实际工作中，可安排骨干教师对新教师的"传帮带"，建立以年级组为单位的学习共同体，实施"同伴互助"，组织定期的业务学习活动和园内观摩教学，解答新教师们工作中实际存在的困惑；建立轮流外派培训回授制度，既可以考核培训效果，又可以相互交流；创造机会推荐青年教师参加园外活动，如参加区、市级教师公开教学活动评比等，为教师提供业务锻炼的平台，最大程度地促进教师的专业成长。

幼儿园还应积极创设教育科研氛围，努力帮助教师参与各种形式的教育科研，把"园本教研"的理念内化为自觉的行动，让教师们真切地感受到她们的工作得到了园所、幼儿、家长和社会的认同，体验到专业成长的快乐，从而不断成就自我。这不仅会使新教师拥有更多的幸福感，而且也会使幼儿园有了较稳定的师资队伍，有利于幼儿园的发展、壮大。

（作者单位：安徽省合肥市奥林奕阳幼儿园）

40 教师是园所的发展之本

申　芸

　　教师是立园之本，是幼儿园的主体，是幼儿园教育教学活动的组织者和实施者，也是幼儿园持续发展的动力。因此，要实现幼儿园的发展，就要充分调动教师的工作积极性和主动性，使其不断完善自身的观念和素质，主动参与幼儿园的建设与管理。

　　在一次接待全区"园本教研制度建设"公开观摩活动前，我在教室外为小班的王老师鼓劲："我相信你！"王老师微笑着回答："放心吧！园长，我一定会尽力的。"我又到中班为崔老师加油："一定要充满自信，相信自己一定行！"崔老师满怀信心地回答："谢谢园长，没问题。"在园本教研活动中，我们的研讨主题是让幼儿喜欢阅读：小班主要是探讨如何激发幼儿参与阅读的兴趣；中班主要是探讨如何挖掘适宜幼儿的阅读材料；大班主要是让幼儿喜欢阅读。

　　通过研讨，我们的思想在交锋中碰撞，我们在求索中收获知识，我们在创造中提升能力，我们的情感在交流中融合。在探讨中，大家对"让孩子产生探索阅读的欲望比让孩子学会一个故事和看懂一本书更重要"的思想产生共鸣。经过倾听园长介绍经验，观看两节语言教学活动，参与实验现场互动教研的观摩，园本教研活动结束了。而幼儿园超前的教育理念、温馨宽松的教研环境、真实自然的情景场面，给大家留下了深刻的印象。青年教师们充满活力的激情和阳光般灿烂的微笑，不仅给自己带来了愉快，也给大家带来了格外的温暖和快乐。

　　"老师们非常了不起！老师们非常不容易！老师们非常值得敬畏！感谢

老师给我们提供学习的机会。""园长是专家，老师们是教研员。""园本教研主题选择得非常好，让人终身受益；教研氛围好，真实、可信；园长的魅力无穷！孩子是幸运的，老师是幸福的，园长是艺术的。""每次来这里学习，每次都有新的认识，星星之火可以燎原。"与会领导的赞扬，同事的肯定，无疑是对教师们极大的鼓舞和鞭策。一句句发自肺腑的语言，一个个恰如其分的赞扬，一声声对教师的肯定，充满着对教师热情的关注，诚挚的友爱，慷慨的给予和由衷的承认。因此，真诚地赏识，必然会改变一个人的精神面貌，更能振奋一个集体的团队精神。鼓励、赞赏和肯定，会使一个人的潜能得到最大限度的发挥。当我们看到教师的每一个进步，我们应及时给予鼓励和肯定，每次小小的进步都会使教师心里增加成就感和荣誉感，激励每一个教师向前冲刺。

教师是园所发展之本。在教师专业成长的道路上，园长要善于运用内部激励的方式来促进教师的专业成长。鼓励教师从自我管理的角度出发，在"找亮"、"点亮"和"增亮"中促进教师的专业发展。

"找亮"：教师要实现专业成长，就必须对自身问题进行思考，了解自己的长处和意愿，并在专业发展中找到自己的方向。园长要善于发现和学习教师的亮点，尊重教师。学得多一点，园长应先让自己成为学习型的园长，然后才能培养学习型的教师；想得早一点，园长要有前瞻性的园所发展思路，又善于做好园所在未来3～5年的发展规划；心要宽一点，园长要有宽容的胸襟，园长工作的有效性来自于善于广纳人才和愿意听取教职工的不同意见。

"点亮"：园长在管理中要善于学会用人之长，注重在合作性学习、体验性学习、反思性学习、研究性学习等师幼同伴共同发展中促进教师的专业成长。园长首先要善于"统"，即统筹布局、统领思想、统一准备，做好幼儿园的规范管理工作。园长要注重"实"，即始终关注实践中产生的问题，并有效解决。园长要为教师上好每一个"家常活动"，做好引领和保障，让教师走好第一步。园长要讲究"推"，即善于运用不同的方式推动具有不同特点的教师成长。

"增亮"：园长在管理中可采用《教师重点目标责任书》来促进教师专业成长。《教师重点目标责任书》是教师的一份工作规范，内容涵盖教育管理、教育科研与教学质量、安全与德育、队伍建设、特色与创新等五个方面。教师在制定目标责任书的同时，可以促进对工作的思考。以信任激发教师的事业激情，以支持建构教师发展的脚手架，让教师在分享互助中实现共同发展。园长要成为教师专业发展的助推者，重业务指导反馈，促教师行为改善。在随堂听课中，园长应是真心的发现者、静心的聆听者、细心的点拨者、耐心的跟踪者；在公开课中，园长要做一个积极的参与者、自觉的承担者、主动的反思者、全面的指导者；在研究课中，园长要成为一个虚心的学习者、细心的实践者、尽心的协调者、全心的服务者。

作为一名园长，要通过"找亮"、"点亮"、"增亮"来促进教师的专业成长。让教师成为保教管理的主体，认真研究每一个基本活动的过程。在激励教师的同时，适时、适量、适度地为每一个教师营造有一定压力的工作氛围，使其潜能得到最大程度的发挥。

（作者单位：山西省太原市杏花岭区实验幼儿园）

41 帮助教师建立专业发展规划

吴　萍

《幼儿园教育指导纲要（试行）》（以下简称《纲要》）的最终目的是创造高质量的幼儿教育，促进幼儿的健康成长。而这一目的的实现主体是教师。因此，在幼儿园管理工作中，需要不断提高教师的专业水平。

怎样才能提升教师的专业水平呢？以前的观点总认为，实现这一目标最主要的方式是参加各类讲习班学习理论，或者是学习技能技巧，或者是通过赛课等方式提高教学水平。这些方式都有效，但又都有一定的片面性，并不能符合所有教师的发展需要。

以上海红双喜运动器材公司为例，它最初是由五家体育器材厂合并而成的，合并时资金只有两千万元，但是负债却高达一亿一千万元，而旗下的体育用品从滑翔机、篮球架到帆船板，可谓"海陆空"齐备。但为了让企业走出困境，总经理做出了一个大胆的决定：砍掉99%的产品——将上百个产品商标、几千种产品削减到只剩几十种，集中发展留下的1%的乒乓球产品。这样一来，产品质量大大改善，产品单价得以提高，从1995年成立到2005年的十年间，其产品价格在国际市场上翻了四倍以上，卖一套球的利润就等于卖一套家具！十年来，他们赞助了中国国家队十八次国际顶尖赛事，他们的产品也几乎成为了世界冠军的专用品牌。

同理，我们的幼儿教师也不可能是全才，园长不可能要求她们在说、唱、跳、画、弹、组织活动等方面样样精通，也不可能让教师参加整齐划一的各项学习。因此，如何让教师成长为一名更具专业化、个性化的特色型幼儿教师，是需要园长目前迫切思考并付诸行动的。怎么做呢？我们可以借鉴红双喜运动器材公司的经验，由园长根据教师各自的年龄、兴趣爱好、特长等，指导她们制定适合自己发展的专业发展规划。

那么，专业发展规划包括哪几方面的内容呢？

一、教师的个人情况

只有真正了解自己的人，才会对事情做出准确的判断，否则只能做出错误的抉择。所以，园长首先应要求教师对自己的基本情况作出正确的分析，包括姓名、年龄、学历、兴趣爱好、特长、已取得的工作成绩等。

二、自身成长素质的分析

1. 内部条件：从专业思想、教育理念、自身素质等方面认真做自我分析。

2. 外部条件：从园所情况出发进行分析。

3. 不足：从自身专业素质上找不足。

三、发展目标

目标是人追求的梦想，目标是成功的希望。所以，教师必须树立自己的专业发展目标。有了目标，就有了热情，有了积极性，有了使命感和成就感。这样，一个人的所有努力从整体上说，都能围绕着一个比较长远的目标进行，而且他会知道自己怎样做是正确的、有用的。专业发展目标可从两方面进行规划：

（一）长远目标

即五年左右的目标，教师在五年里希望达到的某一方面的专业发展水平，如成为某一方面的教学能手，在某一方面取得哪些突出成绩等。

（二）短期目标

即一年左右的目标，在这一年内，教师希望在教学的某一方面有所突破，或论文获奖、赛课获奖等，也可以从思想、教育教学、学习等诸多方面来谈。

四、行动策略

策略即可以实现目标的方案集合。行动策略就是教师说说自己打算从哪些方面，采取什么行动、方案以提高自己的专业水平。

五、评价发展规划的方法

即评价自身专业发展状况所采用的方法。

有时候，人对自己的了解并不是很完善，俗话说：旁观者清。因此，园长要对教师制定的个人专业发展规划进行指导、完善，并根据发展规划适时适度地进行检查、督促。通过这种方法，幼儿园教师自身的专业素养和整体水平将不断得到提高。

附

教师个人专业发展规划

我园作为湖南省示范幼儿园，对幼儿教师的要求也越来越高。作为一名三十岁的教师，我感受到了巨大的压力，同时又觉得有了很大的动力。因此，我根据自己教学经验丰富、擅长美术教学的特点，特制定本人五年的专业发展规划，力求使自己在这五年里，无论理论还是实践水平都有一个飞跃性的提升。

一、个人基本情况

我个人爱好广泛，尤其喜欢读书绘画，1993 年毕业于长沙师范学校。后来通过成人高考获得了美术专科文凭及学前教育本科文凭。我的座右铭是："认真做好每一件事情。"我希望通过自己的不断努力，成为一名优秀的幼儿教师。

二、自身成长素质的分析

内部条件：

1. 能适时更新教育教学观念

我经常阅读《学前教育研究》、《幼儿教育》等幼教期刊，能通过撰写活动反思性的文章、与同伴进行课例研讨等形式，不断地更新教育教学观念。

2. 具有一定的研究素质

自从参加了湖南师范大学学前教育本科函授学习后，我感觉自己的教研水平提高很快，曾参加过"幼儿园语言教育"、"幼儿园命题画教学的设计与组织"等研究，获得了一定的教育研究能力。

3. 具有较深的美术专业素养

在长沙师范学校学习期间，我是美术课代表；毕业后，我又参加了工艺美术专科的进修。工作中，我也十分注重对相关经验的总结与积累，收集了不少关于美术理论研究、教学方法案例分析、教学实例等方面的资料和书籍，参加过不少有关美术的专家讲座。

外部条件：

1. 有条件运用多种教学资源

我所在的幼儿园地处省会城市，是湖南省示范性幼儿园，配备了电脑等现代教育技术设备，我能便利地借助查阅图书和使用因特网、摄像机等辅助手段为教学活动服务。

2. 能进行广泛的专业合作

我是湖南省及长沙市学前教育研究会、美术教育研究委员会的会员，周围具有大量学历高、教育经验丰富并锐意改革的教师。通过与他们的交流与学习，我的专业视野变得更宽广，快速提升了自己的教学水平。

不足：

我在自然科学方面的知识不够丰富，每次组织相关活动前都要恶补相关知识。同时，由于认识上的欠缺，以往我只对幼儿园安排的科研项目进行研究，没有梳理实践教学经验，从而达到反思和提升。

三、发展目标

在详细研究自己实现专业发展的相关条件基础上，我将自己的发展目标定位为做一名有美术教学专长的全能型幼儿教师，在五年内力争成为区级美术教学能手。

四、分项目标

1. 教学方面的目标

夯实美术教学，树立起崭新的教育观念，以美术为教学主线，给幼儿广阔的体验和表现美术的空间，进一步形成自己独特的教学风格。

2. 教育科研方面的目标

在新《纲要》理念的引领下，在教学设计方面有所提高和创新，争取每年在各级专业刊物上发表 1～2 篇教学设计方面的文章；在工作中，经常进行教学反思，不断改进自己的工作并形成理性的认识，结合实际进行教学研究，并提炼成论文，争取每年在各级专业刊物上发表 1～2 篇相关文章。

3. 学习和其他方面的目标

"生有涯而知无涯"，坚持主动学习和交流，了解幼儿教育的新动态。不断加强文学修养和相关人文知识修养，提高文学素养和写作技能，为自己的教育教学和教研工作打下较为深厚的文学基础，以达到"触类旁通"的目的。

五、实施行动策略

近五年来，我将从以下几方面提升自己的专业水平。

1. 不断进行专业化学习

首先，我要积极地参加幼儿园的园本教研活动，主动承担幼儿园的各种观摩活动，撰写活动反思文章，提高自己的教学实践能力；其次，主动观摩姐妹园所的教研活动，吸纳他园先进的教育观念；再次，通过阅读有关幼教方面的书籍、听专家讲座，进行专业理论方面的学习；最后，每学期撰写10篇左右教学的反思文章，并与同行进行交流，以期获得专业引领。

2. 加强各方面知识的学习

我计划每天坚持2~3小时读书学习，广泛地阅读各类书籍，并重点学习自然科学等领域的知识，从而完善自身的知识结构。

3. 结合实际进行行动研究

我准备立足于自己发现的教育实践中的问题，力争每年进行一项行动研究，以不断提高自身的专业实践水平。

4. 结合自己的美术特长，进行美术特色教学研究

我准备在全面提升自己工作能力的同时，更多地把精力投入到美术领域的教学研究里，并在这一领域里谋求发展。在日常工作中加强美术教学，搜集优秀幼儿美术作品并建立美术教学档案，通过实际的操作积累更丰富的美术教学经验。

（作者单位：湖南省长沙市政府机关第三幼儿园）

要学会赏识每一位教师

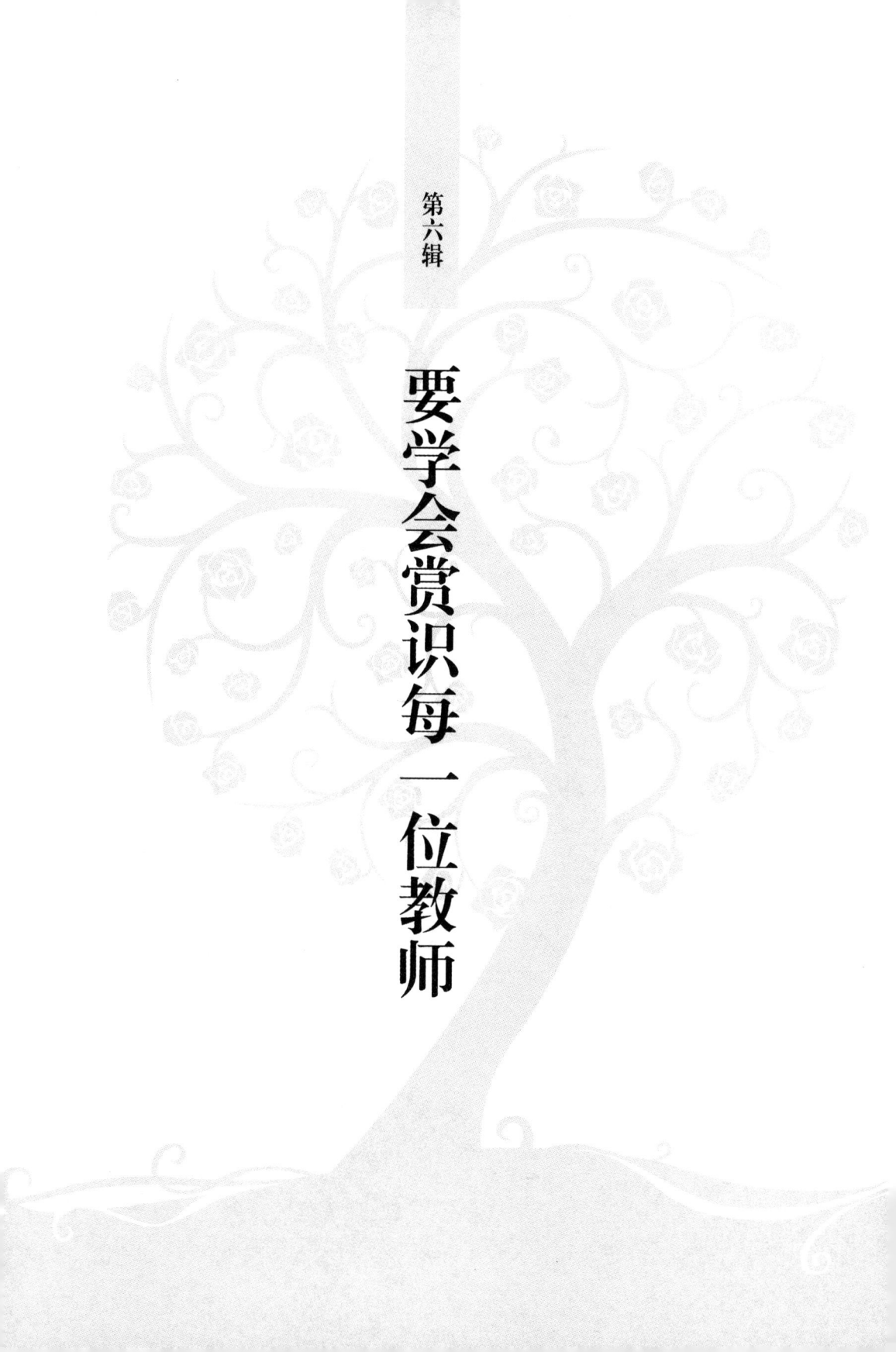

真心、真情和大智慧能为园长创造出和谐的工作氛围和环境，以便挖掘全园教师的优点，化解全园教师的紧张和焦虑，从而使全园的教师身心健康、沉着自信，充满生机和活力，享受到幼儿教师这一职业的幸福感。

——江苏省扬州职业大学人文学院　李兴

不断形成良性竞争机制，大家就会你追我赶，不甘落后，因为每个人都不愿意在C类中徘徊。任何一个人都有着其独特的个性，任何人也都在不断进步，年龄大的老教师也如此。作为幼儿园的管理者，园长要清楚地意识到自己的使命——促进每一位教师的发展，使其实现自己的人生价值。

——江苏省姜堰市第二实验幼儿园　黄翠萍

男教师作为一个特殊的教育群体加入到幼儿教育中来，幼儿园就应该以人为本，正确看待男教师、关心男教师，促其不断成长，使其获得职业成就感。

——广东省佛山市顺德第一幼儿园　徐帮强

42 要学会赏识每一位教师

李 兴

1987年，75位诺贝尔奖获得者相聚在巴黎，记者问其中一位诺贝尔奖获得者："您在哪所大学学到了您认为最重要的东西？"老人莞尔一笑，回答："在幼儿园。"记者又问："在幼儿园学到了什么？""学到把自己的东西分一半给小伙伴，不是自己的东西不要拿，用过的东西要放回原处，吃饭要洗手，做错事要表示歉意，午饭后要休息，要仔细观察大自然，我学到的最重要的东西就是这些。"从老人的回答可见，幼儿园教育对一个人的成长和发展有着深刻的影响，幼儿教师是影响幼儿发展的重要他人——她们说过的话，做过的事以及喜怒哀乐和行为方式，会以一种近乎魔法的力量，种植在孩子心灵最隐秘的地方，生根发芽，润物无声。

生活中，常听到人们这样评价：幼儿园的老师也像孩子一样，有了问题和矛盾，总爱到园长那里去争论，评个高低。老师们的这种行为间接反映了园长在她们心目中的地位。对不少园长而言，应付这样的争辩非常头疼。其实，有些园长可能没有意识到自己正在被幼儿教师们看作重要他人，而老师们又期望通过这样的争辩得到他们心目中的重要他人的认可，她们也想像幼儿一样得到园长的"关爱"。每个人都需要一种自重感，当自己为别人所重视、所需要的时候，更会正视自己存在的价值，认可自己存在的重要性。所以，作为一个领导者，学会赏识，意义尤为重大。赏识，是为人之道，是一个人心境磊落、视野拓展的表现，也是一个人才智敏锐、气质从容的凸显。不懂赏识，不愿赏识，人与人之间就多了一份挑剔，少了一份欣赏；多了一份苛求，少了一份呵护。所以，园长作为园所的带头人，一定要把学会赏识每一位教师作为管理理念的核心思想。

美国哲学家、实用主义的创始人威廉·杰姆斯教授曾说过："人性最深层的需求就是渴望别人的欣赏。"要知道，随着老师们工作阅历的增加，这种"渴望别人的欣赏"的需求会变得更加深沉而炽烈。园长要持有这样一个信念：每一位教师各有其长，各呈其姿，要学会欣赏他们、肯定他们。因为，园长的一个信任的微笑、一个肯定的额首、一个鼓励的眼神、一句激励的话语，都可以为教师们驱散积聚在心底的工作的疲倦，可以为教师们提供心灵净化的港湾，可以为教师们唤醒早已尘封的潜质、潜能，可以为教师们诱发心中工作的冲动和创作的激情。如果园长拥有一颗学会赏识的心，就一定可以体会到那份只有做园长才会拥有的快乐和幸福。

学会赏识意味着学会宽容。宽容是一种修养和境界，也是一种美德和智慧。法国大文豪雨果有一句名言："世界上最宽阔的是海洋，比海洋更宽阔的是天空，比天空更宽阔的是人的胸怀！"无论是在工作中还是在生活中，园长都要做到胸有雅量，因为期待别人完美是不公平的。当面对教师的缺点或教师犯错误时，园长怎样去处理，就反映了园长有怎样的智慧，选择了宽容，其实也就是选择了一种无声而又智慧的教育。当然，宽容对待并不是放任自流，而是不要"逼人太甚"，宽容是细心的发现而不是轻易的放弃，是耐心的帮助而不是置之不理的冷漠。只有园长宽容地对待教师，教师才会受到感染和熏陶，学会宽容地对待幼儿，学会春风化雨，学会润物无声。所以，学会宽容，也就意味着园长给自己、给教师们、给幼儿们、给幼儿园留下了发展的空间。有人认为，赏识就只能是鼓励、表扬，不能批评，这样的认识是不对的，赏识不是降低标准，赏识不是不要批评，而是要注意批评的适度性，也就是要注意批评的艺术性，赏识是一种以鼓励为主的批评，彰显的是一种睿智的宽容。

学会赏识意味着学会幽默。幽默是一种态度，也是一种风情。幽默会使人以开放的姿态乐观积极地与人交往，所以，学会幽默意义重大。园长的幽默能让教师们在笑声中受到启发和教育，能使幼儿园忙碌单调的工作变得轻松愉快，能让棘手的问题迎刃而解，更能在工作中让自己巧妙地摆脱窘困和尴尬，扔掉重压之下的阴霾之气，发现群体的长处，增强工作的自信心，让自己快乐起来，从快乐中汲取更多的营养，从而不断地超越自我和完善自我。

学会赏识意味着学会用真心、用真情、用大智慧。赏识生长在自由和谐的氛围中，生长在亲切平视的目光中，它不是单向的施舍，而是智慧与智慧的主动碰撞；它不是别有用心的廉价恭维，而是对一种相对而言具有价值的公正认可；它不是满口的鄙俗奉承，而是对事物固有魅力的真诚接纳。在这方面，人民教育家陶行知先生"四块糖果"的故事，对我们深有启发。

> 育才小学校长陶行知在校园里看到男生王友用泥块砸自己班上的男生，当即斥止了他，并令他放学后到校长室去。放学后，陶行知来到校长室，王友已经等在门口准备挨训了。可一见面，陶行知却掏出一块糖果送给他，并说："这是奖给你的，因为你按时来到这里，而我却迟到了。"王友惊疑地接过糖果。随即，陶行知又掏出一块糖果放到他手里，说："这块糖也是奖给你的，因为当我不让你再打人时，你立即就住手了，这说明你很尊重我，我应该奖你。"王友更惊疑了，他把眼睛睁得大大的。陶行知又掏出第三块糖果塞到王友手里，说："我调查过了，你用泥块砸那些男生，是因为他们不守游戏规则，欺负女生。你砸他们，说明你很正直善良，有跟坏人作斗争的勇气，应该奖励你啊！"王友感动极了，他流着眼泪后悔地说道："陶……陶校长，你……你打我两下吧！我错了，我砸的不是坏人，而是自己的同学呀！……"陶行知满意地笑了，他随即掏出第四块糖果递过去，说："为你正确地认识错误，我再奖给你一块糖果，可惜我只有这一块糖了，我的糖完了，我看，我们的谈话也该完了吧！"说完，他就走出了校长室。

对犯了错误的孩子，陶行知没有抓住错误不放，没有厉声训斥，没有讲多么深刻的道理，也没有直接指出其错误之处，而是通过细微观察和及时发现，捕捉学生言行中的闪光点，用夸奖、赞赏、肯定、赏识的教育艺术，使孩子自觉、正确地认识错误。这就是一种真心、真情、大智慧。作为一个教育者，对孩子应该这样做；作为一个管理者，对同事和下属也应这样做。园长要用慈母般温柔的神态、声调，激发起老师们内心积极的情感体验，让老师们在轻松、愉快的幼儿园氛围中学习、工作和生活。所以，**真心、真情和大智慧能为园长创造出和谐的工作氛围和环境，以便挖掘全园教师的优点，化解全园教师的紧张和焦虑，从而使全园的教师身心健康、沉着自信，充满生机和活力，享受到幼儿教师这一职业的幸福感。**

（作者单位：江苏省扬州职业大学人文学院）

43 打造一支积极高效的幼儿教师团队

曹亦兵

团队是指两个或两个以上目标共享、技能互补的成员，为了实现特定目标、满足特定需求而形成的相互作用、相互协调的联合体。幼儿园团队包括的范围很广：既可以是工会、后勤组、班组、年级组、教研组等各种正式群体，也可以是教师自愿参加的各种兴趣小组、课题研究小组、项目策划小组、项目合作小组、智囊团等非正式群体。从某种意义上说，一个年级组就是一个小团队，而整个幼儿园就是一个大团队。

一、幼儿园大团队的建设

幼儿园作为一个大团队，应该具有一种不但能发挥成员的创造性，而且能创造信任、支持、尊重、相依和合作的环境与氛围。如何才能做到这一点呢？

首先，要培养教师彼此信任、尊重和支持的价值观，形成积极的组织氛围，并将它作为幼儿园团队发展的基础。积极的组织氛围最基本的特征之一，就是幼儿园中所有的人，为达成一个共同的目标而形成的团队精神，这是通过园长与教职工建立相互信任的关系而达成的。园长应将要求清晰地传达给教职工，并在工作中给予其支持和鼓励。此外，园长与教职工的关系必须建立在肯定她们能力的基础上，并表现出对她们的信任、尊重和宽容。在这种氛围中，教职工才更愿意彼此给予支持和鼓励。

其次，要加强积极而健康的人际互动。人际互动的方式多种多样，合作和竞争是其中较为突出的形式。许多幼儿园比较重视培养个人成就感，提倡超越自我的精神，这种组织文化颇有"适者生存"的味道，激烈的竞争使相互合作、共享信息、彼此支持的行为显得弥足珍贵。为加强幼儿园团队的建设，园长应提倡合作互助的人际互动模式。请看下面的案例：

案例一：从保守到奉献

幼儿园在推行网络化办公过程中，个别教师仅"共享"、"不奉献"的行为，致使有些教师赌气关闭了电脑，提出"不要共享，也不想奉献"，园内自愿共享遭遇难题。于是，园长开始扮演"感谢者"的角色，对那些无私奉献自己的劳动果实与智慧的教师进行赞扬并代表全体教师予以感谢。果然，当大家感受到来自集体的谢意时，那些已经关闭资源的教师又重新打开了电脑，那些只"共享"、"不奉献"的教师也开始积极地改变自己。教师们开始意识到，自己在接受服务的同时，也在接受一份情感，所以在享受服务的同时，也应该付出自己的真情。因此，原先那种"小我"、自我的想法荡然无存，在共享他人资源的同时，大家都竭力想把自己高质量的资源奉献出来，一种开放的氛围逐渐形成。教师们在浏览同伴教育智慧的同时，不断形成新的教育思路，教师间的互动不断加强；原先的保守、相互提防的工作氛围，逐渐变为你追我赶、积极向上的工作氛围。（资料来源：凤炜《小倩辞职以后》，原载于《上海托幼》2004 年第 10 期）

最后，还要打造学习型的团队。在知识经济的时代，基于系统动力学的"学习型组织"的管理理论已引起人们的关注。这种管理新理念倡导个人学习和组织培训并进的方式，其中个人学习是组织保持学习和创新的基础，而组织培训则促进了个人学习与组织目标的结合，同时实现了知识的共享。对园长来说，既要积极鼓励、支持员工的个人学习（学历、非学历进修与岗位技能培训等），更要借助多种手段，如教研活动、园本培训等努力建设一个学习型集体，一个促进交流、互动、共享和提升的集体。

二、幼儿园团队建设的条件

首先，要确定团队目标。只有明确了目标，并且只有参与的各方都全力以赴，团队成员的注意力和努力方向才能得到统一。如某园成立了"核心激荡小组"，由领导班子和名师、学科带头人、市优秀青年教师组成，共8人，这个团队自成立之日起，就以新课程理念的学习、实践和传播为己任。正是由于明确树立了这一团队目标，这个核心小组的自我发展、自我更新能力才会得到增强，辐射的层面也才会更大。

其次，要对幼儿园团队进行合理分工和授权。一个人的精力是有限的，团队负责人要想使自己的领导才能得到充分发挥，就必须在抓住主要权力的同时，合理地向下属分工和授权，这对搞好团队工作、提高工作效率，有着很大的帮助。例如，某幼儿园建立教研组长助理制——聘请青年骨干教师轮流担任助理，以鼓励青年教师参与管理的积极性。正是因为这种合理的分工和授权，该园教研组工作搞得有声有色。下面的案例可以说明团队的合理分工和授权的重要性：

案例二："自治"式管理

我园的一些大型活动都是由教师轮流来策划、主持，而且教师享有充分的指挥权。例如，大班年级组将举办毕业汇报演出，年级组推选一名青年教师负责此项工作，第二天，她就拿出了策划书，而且得到了园领导的肯定。不久，这位教师把更详细的计划书放到了大家的桌上，上面标明了每一项工作的内容和安排，如邀请嘉宾、布置环境、购买物品、报幕员、确定音响器材的责任人等。大家都自觉配合，活动进行得非常顺利。（资料来源：吴剑清《幼儿园柔性管理的体会》，原载于《早期教育》2001年第2期）

再次，还需要一个出色的幼儿园团队领导。一名好的团队领导需要具备多种素质，包括要有很强的责任意识；要时刻想到自己是团队的领导，是团队的核心和带头人，遇到事情要提前准备，积极主动；要充分发挥团队成员的特长，使每位成员在团队中都能获得成长；要了解团队成员的不同特点和性情，在此基础上合理安排团队的工作，充分调动团队成员的积极性；还要提倡沟通与合作，营造互助学习的氛围。高绩效团队的特征之一，就是能让每一位成员都觉得自己是这个团队中优秀的、不可或缺的一分子，并能经常受到别人的赞赏和支持，因此，团队领导要为此营造出相应的氛围。

管理者还要合理安排团队角色。要了解能够给团队带来贡献的个体优势，根据这一原则来选择团队成员，并使工作任务分配与团队成员的个人风格相一致。管理者在配置团队成员时，有必要从年龄、职务、知识、能力结构等方面综合考虑。例如，在年龄结构上体现新老结合，知识结构上使经验丰富的教师与资历较浅的教师搭配等。另外，管理者在用人过程中，要力求做到优化组合，即不是简单采用人力叠加的方法，而是注重员工组合时的互补度、认可度和透明度。

最后，还要有严格的幼儿园团队规范。团队中的规范包括作息时间、信息传播、共享规定和任务流程。为了确保团队的效率，管理者应当鼓励团队成员发展有助于实现团队目标的规范。为保证团队成员遵循团队规范，需要有以下三个基本前提：成员主观上认可团队规范所倡导的行为方式；成员想效仿他所喜欢和尊敬的团队成员；奖惩措施对团队成员能够起到很好的作用。

总之，幼儿园领导既要重视组织内部各种小团队的建设，同时，更要加强幼儿园大团队的建设。只有这样，才能充分发挥幼儿园团队的作用。

（作者单位：安徽省合肥市教育局教研室）

多给幼儿教师一点人文关怀

张卫民

随着《幼儿园教育指导纲要（试行）》的颁布，关注幼儿的身心发展，为幼儿减负，已成为幼儿教育改革的一个重要课题。的确，当我们看到许多家长在幼儿完成了幼儿园各领域教育教学活动和兴趣班的学习后，还纷纷带着孩子去学习各类艺术特长，进行智能开发训练等活动时，我们从心底由衷地呼唤："该给幼儿减减负了……"幼儿负担增加，随之而来的便是幼儿教师的负担也越来越重。幼儿需要减负，幼儿教师更需要减负！园长们在关注幼儿健康成长的同时，更应该多给"以关怀孩子为己任"的幼儿教师一点人文关怀，提高其职业幸福感。

通过近两个月的观察和调研，我发现，我们的幼儿教师大多负担重、压力大，教师们存在较严重的职业倦怠感。幼儿教师的负担主要表现在以下几个方面：

一、工作负担

如今的幼儿教师都要面对三多的问题。会议多——幼儿园老师也经常要参加各种形式大大小小的会议，老师们置身于会海中，既浪费了精力，又耽误了备课和休息的时间；检查多——广大的幼儿教师除了要应付园内的教学活动、教案、卫生、墙报等检查外，还要应付园外的上级领导、社区居委会等部门的检查；比赛多——幼儿教师不仅要参加应接不暇的园内教案、教学、教玩具、论文、墙报、卫生、基本功等评比，而且还要参加各幼儿园间的、市区的、省级的、学会的各项评比，有时甚至要参加一些与教育无关的比赛，眼花缭乱的各种比赛都需要教师们全力倾心地参加，决不能因为教师的一点小小的失误影响整个幼儿园的形象。可想而知，幼儿教师本来就很少有可供自己自由支配的时间，再让她们参加各种会议，应对各种比赛，应付各种检查，她们哪儿还有时间认真备课、静心学习和研究？哪儿还有时间锻炼身体和休息呢？

二、生活负担

有调查显示，在 11 所被调查的幼儿园中，只有一所幼儿园的教师日平均工作时间为 8 小时，其他 10 所幼儿园日平均工作时间为 9.19 小时。显然，工作时间的延长，必然会减少幼儿教师在家休息的时间，家务劳动的强度也会随之增大，为了家庭的和睦和幸福，她们必定会起早摸黑地完成家务。有些幼儿教师晚上还要回家加班加点写论文、写教案、制作教具等，有些工作需要爱人帮忙，才能顺利完成。工作压力大，使幼儿教师情绪差，容易与爱人吵架、不能照顾好自己的孩子、不能承担家务，等等，进而影响夫妻间的感情。另外，幼儿教师的劳动报酬普遍偏低，尤其是新参加工作的教师，有些人的报酬连最低生活要求都不能满足，甚至需要父母的补贴帮助。

三、身心负担

由于工作压力太大，很多教师身体状况不好。困扰幼儿教师的主要疾病是声带小结、听力障碍和神经衰弱。由于整天面对几十个孩子，教师有时需要提高声音说话，久而久之，声带就出现了问题。听力障碍和神经衰弱也是由于环境原因所致。有研究者对幼儿教师进行了一次心理健康的调查，结果显示，51.23% 的被调查者存在心理问题，具体表现为对自己从事的职业感到失望，对工作没有信心，自卑……幼儿教师心理的不健康，成为了幼儿教师的一种身心负担。

要为幼儿教师减负，最重要的是要体现出园长对幼儿教师的人文关怀。所谓"人文关怀"，就是对幼儿教师的生存状况的关怀，对幼儿教师的尊严与地位的肯定，对幼儿教师发展的关注。

对此，园长需要做的，一是要为幼儿教师合理安排工作量。合理安排工作量是为幼儿教师减负的第一步。只有让幼儿教师有充足的时间和精力用于教育教学活动，才能真正保证她们设计和组织教学活动的质量，提高她们的教学水平。合理安排教师工作量，首先要从精简各种会议入手。园长要倡导开专题会、开短会，努力提高开会的效率；其次是要减少无关的、无效的各种名目的检查，让幼儿教师拥有更多的时间和空间来设计教育教学活动或安排休息；再次要精心设计和开展各种比赛，避免各项比赛交叉或重复。总之，应根据教师的具体情况设计，如将经验丰富的老教师和初入职的新教师组合在一起，可以进行不同的比赛。让老教师多参与学术方面的比赛，提高她们的理论水平；让新教师多参与教学比赛，提高她们的实践能力。

二是要为幼儿教师举办丰富多彩的园内外活动。单调的生活使人情绪低落，工作积极性不高，工作效率也会随之下降。园长应该为幼儿教师创造良好的物质和精神环境，为幼儿教师举办丰富多彩的园内外活动。例如，为教师们建立教职工之家；在业余时间组织各种有意义的文体活动，如乒乓球、卡拉OK、徒步健身等，以丰富教师的业余生活；幼儿园每一学期可为教师提供一至两次幼儿园家属园外活动，这样做既能开阔教师的视野，又能增加幼儿教师家庭间的感情。

三是要为幼儿教师定期进行身体检查和举办心理知识讲座。秉着以人为本的精神，园长应该为幼儿教师定期提供身体检查和心理知识讲座。幼儿教师是幼儿园的主体，她们的身心健康影响着教学的质量，也影响着幼儿身心健康和谐的发展。园长每学期可为幼儿教师提供一次身体检查，每一年为教师开设1~2次心理知识讲座，这样做既能保证幼儿教师的身心健康，更重要的是，她们的职业幸福感加强了，就能很好地稳定教师队伍。

人生是需要诗情画意的，但更需要温情与和谐。我们的幼儿教师也需要人文关怀。给予她们真诚的关怀，她们就会将这份关怀转化成爱心并传递给幼儿。

（作者单位：湖南师范大学教育科学学院）

45 因材施管，整体提高

黄翠萍

作为幼儿园的管理者，园长总是希望每位教师都是有着强烈工作意愿的人，看到那些工作踏实而又富有创造力的教师，园长不禁喜上眉梢；而看到那些迟到早退、工作拖拉的教师，园长总是感到头疼，甚至恨不得立即将其清除出团队。其实，教师就像花园中盛开的花儿一样有大有小，颜色各异，我们应该接受这种差异的存在，只有从心理上作好接受这种差异的准备，才能理智地去对待。

差异不是一成不变的，它并非总是出现在那几个固定的人的身上。从教师队伍的整体素质来看，此类差异有时出现在师德行为中，有时出现在业务能力上，甚至有时出现在偶发事件中，我们要客观分析这些差异存在的原因，这样才能有效地解决问题。一个人工作再努力，也可能会出现懈怠现象，一个人能力再差，也会有寻求自尊的心理需求，我们不能将一个人"一棍子打死"，而要针对教师的状况进行客观的分析。

我们看待教师时应该清醒地认识到，不是所有的教师都会事事、时时在 A 型（好）、B 型（中）、C 型（差）的同一个层面，而是会随着时间的变化在某个领域或者某一件事件中，在 A 型、B 型或者 C 型之间转换，管理者要注意鉴别并发展每位教师的优势，向教师提供各种展示自我的机会，帮助她们将优势能力领域的特点迁移到其他的能力领域，将自己优势领域的意志品质等迁移到弱势领域中，从而使自己的弱势得到发展。

一、呵护 A 型人员的事业心

小杨老师业务能力较强，工作认真，为人忠厚老实，大致可以归为 A 型。但近日来她总是迟到，与往日相比表现散漫，虽然幼儿园里有严格的奖罚制度，但她似乎不太在乎。这是怎么回事情呢？是否与她刚结婚有关？一次，偶然开玩笑时，园长说出了自己的观点："当年我结婚时，因为只有七天假期，我曾想'倘若有朝一日我当了国家主席，一定会修改法律，将婚假改成一个月！'"大家听了哈哈大笑，园长又说："可是孩子们等不了一个月，他们想天天见到自己的老师呢，哪怕是早上老师来迟了一会儿，孩子们也会伸长脖子在等呢，不信你们问问孩子们，是不是这样？"园长边说，边意味深长地看了小杨老师一眼。从那以后，再没有看到小杨老师迟到了。

对于有着高尚师德修养与杰出业务能力的教师，要注意呵护她们强烈的事业心，完善、提升她们的多种能力，更要特别注重发展她们的创造力，尤其是她们解决实际问题的能力。不管这种事业心是出于对自己个人发展的追求，还是对幼儿园事业发展的贡献，客观上都是至关重要的。要给她们一个个富于挑战的任务，让她们充分发挥自己的聪明才智，取得一次次的成功，从而培养出一批优秀的名教师。更为重要的是，要督促她们克服骄傲情绪，培养集体荣誉感，才能不断帮助同事共同进步，只有这样，园长才能在幼儿园中享有较高的威望。

二、调动 B 型人员的进取心

对于 B 型人员来说，幼儿园发展的后劲恰恰就显示在她们身上。无论是哪种才能的人处于 B 型时，从人的本性上来讲，他们都希望自己也能像 A 型人员一样出类拔萃，因此，我们就要提供各种平台让她们多学习、多思考，不断给予她们成功的机会，充分发挥她们的一技之长。如小李老师虽然业务能力一般，但故事讲得很好，于是我让她组建一个讲故事小组，这样，她的价值就会得到最好的体现；小向老师虽然是从小学考进来的，幼儿园教育实践不足，但文字功底不错，我就让她负责幼儿园的宣传工作；小陈老师体操跳得很棒，我就让她组建一个幼儿体操队……任何一个人一定都有着其突出的方面，只要挖掘出人们的长处，让她们尽情发挥，就一定会促进她们的自信心，同时，她们的综合能力也一定会不断提高，迈进 A 型范围内也就指日可待了。

三、激励 C 型人员的上进心

我们不能只因为一件事情而将一个人贴上此类标签，无论怎样，不可雕琢的人也总会有好的一面，要根据不同的情况分别进行剖析，帮助教师们解决存在的问题并找回自信，激发她们的工作积极性，让她们感到团队的温暖。

小张老师总迟到，是因为家离幼儿园很远，要骑很长时间的车，如果想要不迟到，就得提醒她早些起床；小李老师总爱串班，她远离父母，而从小依赖父母惯了，有什么事情总想告诉别人，管理者就要锻炼她的独立能力，向她讲清楚串班的危害，告诉她有什么想法可以下班后再和姐妹们交流；有不少老师总反映小刘老师嘴不饶人，有时候说话呛人，管理者通过与之交流发现，其心地善良，只是从小养成了出言吐语过快的习惯，就提醒她跟同事说话要注意分寸，只有互相尊重，才能赢得更多的朋友；小蒋老师上课的时候层次总是分不清，管理者就先带她去听同事们的课，并分析其优势，再给她指出不足，只要多听几次课，耐心引导，她就会有进步。

发现教师们的优点，并让她们发扬优点，弥补不足，这也是一个良策。梅老师业务能力与本园多数老师相比，差距较大，在园内开展的各项竞赛中从没获过奖，曾一度很自卑，只求将工作做完了事，对家长也是不冷不热，家长意见较大。一次，园长到小班去看孩子玩桌面玩具的情况，问几个小班的老师有没有发现孩子们最喜欢玩哪一种桌面玩具，梅老师说："我发现孩子们喜欢玩这种比较大的、能插出不少图案的积塑。""有没有研究过孩子们为什么喜欢玩这样的玩具呢?"园长又问。"可能是这种玩具比较大,小班孩子能很快拼搭出各种形态的物体吧。"她回答。"让我们来验证一下。"园长提议。通过观察,大家都发现,小班的孩子的确很喜欢玩这种稍大一些的积塑,于是园长对梅老师说:"你观察得很仔细而且很准确,我们会根据你的提议,再购进一批这类玩具,供小班的孩子活动。"在其他老师羡慕的眼光注视下,羞涩而又略带自信的眼神出现在了梅老师的眼中。

不断形成良性竞争机制,大家就会你追我赶,不甘落后,因为每个人都不愿意在 C 类中徘徊。任何一个人都有着其独特的个性,任何人也都在不断进步,年龄大的老教师也如此。作为幼儿园的管理者,园长要清楚地意识到自己的使命——促进每一位教师的发展,使其实现自己的人生价值。时刻将教师作为幼儿园的最大财富,本着这样的愿望与想法,教师团队的专业成长、幼儿园品位的提升与发展才会走上一条充满活力与生机的道路。

(作者单位:江苏省姜堰市第二实验幼儿园)

46 关注教师的生命质量

王 俐

　　我曾是分管教学的幼儿园副园长，与教师们的朝夕相处，让我深深感受到她们对生命成长的需求，对生命质量的追求，更感受到她们那份实现生命价值的渴望。可是，繁重的保教工作、巨大的精神压力、众多家长的希望与对社会的责任以及同行业间的竞争，已经让以女性为主的幼儿教师们感到焦虑、担忧。而且，随着年龄的增长、家庭负担的加重，许多教师逐渐产生职业的倦怠感。她们只是把工作当作"谋生"的一种手段，以消极甚至抵触的情绪、态度对待工作，根本感受不到职业的幸福感，更谈不上享受生活的快乐，因此，她们的工作、生活质量都比较低。

　　面对这样一个特殊的群体，我感到心痛，更感到一份强烈的责任感，必须改变教师们的工作现状，让我们的教师重拾职业幸福感，引领她们为教育注入生命的激情。

　　于是，我在教育教学管理中，尝试着改变自己的管理理念和工作方法。先是将管理意识改为服务意识，让教师们体验到了被尊重的感觉。再根据教师各自专业发展的特点，实行分层管理，既减轻了教师的工作强度，又满足了教师生命个体的需求，给了她们更多自我创造的空间，使她们能尽情发挥自己的潜能，从而享受成功带来的喜悦；同时，我还改变了教学研讨形式、方法，还给教师更多的话语权、主动权、决定权，让教师们更加积极主动地参与教研，并感受到在团队互助中的快乐。在尊重、信任、民主的教研氛围下，在以教师为主体的教研教学中，教师们体验到了成长的快乐，感受到了工作的幸福，她们的生命火花被点燃，开心的笑容又回到她们的脸上；在生命的感召下，她们对工作有了激情、有了干劲、有了追求，并在工作中将这份幸福与快乐传播给幼儿，给孩子们带来一个快乐的童年。

在这个变化过程中，我深深体会到，幼儿园园长一定要具有人文情怀的"师本观"，给予自己的教师更多、更细的生命关怀，让她们在人性化的管理理念中，感受到爱，感受到幸福，并用爱去塑造爱，用幸福去塑造幸福，用美好去塑造美好，从而实现其自身的生命价值。

因此，关怀教师的生命质量，首先应该"关照"教师，关照她们的身体与生活，让她们的生命健康成长。俗话说，"身体是革命的本钱"，教师只有拥有了好的身体，才能正常工作，才能创造美好的明天。舒心的生活会让教师减轻精神压力，把精力全部放在工作上，关照教师的身体健康与生活幸福，是关怀教师生命成长的第一步。幼儿园的管理者心中应有教师，时时、事事为她们着想。我们应当经常和教职工谈心、交流、沟通，发现她们工作、生活中的实际困难与问题，并及时给予人文关怀，尽量帮她们解决后顾之忧。提高教师的生活质量，让她们感受生活的乐趣，在享受生活、热爱生活中珍爱生命。我们还要积极创设一个更温馨、更舒适、更和谐的工作氛围，让教师们体验工作的顺心与舒心，从而减轻工作上的压力。

关怀教师的生命质量，就应该"读懂"教师，读懂她们的想法、心理和需求。教师是一个个鲜活的生命个体，她们有思想、有需求、有个性。我们要了解不同年龄、不同发展阶段教师的心理特点与成长需求，了解每个教师不同的个性和需求，根据她们各自的个性与需求，给予尊重、信任，将她们放到有利于其"扬长"的位置上，充分展示自我、实现自我，并对她们的努力给予认可、赞美。最大限度地挖掘出每个人的才能，让教师们在体验成功的快乐的同时，心理亦得到满足，生命价值亦得以实现。那些得到尊重与爱的教师，她同样也会将尊重与爱传递给同事与幼儿，甚至传递给其他的更多的人。同时，我们还要了解、分析教师们的所思所想，并及时给予支持与引导，让她们的生命个体充满思想，让她们的生命愉悦。

关怀教师的生命质量，还应该"唤醒"教师，让她们的生命幸福成长。作为教师，其生命价值主要体现在精神生命层面上。因此，管理者就应该通过人性化管理，以情感人、以心换心，让教师感受到尊重、关怀。同时创设出适合教师发展的环境，满足教师专业化发展的需求。这样不仅会增加教师的成就感、自信心，还有利于教师潜能的开发、创造性思维的提升，从而让我们的教师感受到工作的幸福与快乐。

此外，幼儿园还应举办一些积极向上的活动，如读书论坛、参观访问、全民健身等，让教师们在活动中不断提升自己的素养、情操，净化自己的心灵，她们才会更加热爱生活、热爱工作、热爱孩子们。她们在感受生命关怀的同时，也会同样地或加倍地关怀孩子们；她们在感受到人生的美好的同时，会更加坚定地让孩子们也感受到生命的美好和珍贵。那份责任与信心，将唤醒她们对幼儿生命的关爱。郑杰校长说得好，"只有关注教师的心灵世界，才是真正地关心教师的生命质量"。

关注教师的生命质量，更应该"放飞"教师，让她们的生命价值在教育中彰显。教育是生命与生命的对话，是教师与孩子之间心灵的沟通过程，我们的幼儿教师面对的是天真、活泼，好似一张白纸的幼儿，用自己的精神生命感染孩子，塑造一个完整的、独特的、崭新的精神生命，这就是教师们生命价值的体现。我们鼓励教师在关注幼儿生命个性的同时，不要丢弃自己的生命个性，而且还应更加努力地成为自觉创造自身职业生命的主体，成为充满生命活力的自我主体，唤醒自我的生命意识。她们不再是照亮别人而毁灭自己的蜡烛，而是在创造生命的过程中提升自己的生命意义的主体。同时，我们还要求教师要有自己的教育思想、独特的教育风格，并在教育中洋溢着生命的体验与满足、创造与快乐；教育中，我们的教师要时时用自己的率真、坦诚、热情去感染孩子，用真情去催发生命，成为在奉献中感受与幼儿共同成长的快乐之人；在教育中，让生命影响生命，灵魂呼唤灵魂，行为熏陶行为，精神感召精神，人格塑造人格，使教育成为"生命个性与生命个性的相接"，使教师自身的生命价值和意义在其中得以体现和延伸。让教师在以人为本、以教师为主体的教研教学中体验到成长的快乐，感受到工作的幸福，并将这份幸福与快乐传播给幼儿，给孩子们带来一个快乐的童年。

幼儿的生命需要教师的关怀，教师的生命也需要领导的关怀。愿我们的幼儿园管理者能关注每一位教师的生命个体，不仅要关注她们的生活及其质量，更应关注她们的生命情感和心灵活动，这样，她们的心灵才能被唤醒，生命质量才会得到提升。每一个"生命个体"才能积极参加教育活动，成为教育活动的动力，成为教育活动的源泉。教师才会用生命去感悟生命、撞击生命、激活生命。只有将教师的生命与幼儿的生命融合在一起，才能奏响幼儿园生命教育的最强音，我们的教育也才会因充满了活力而生辉！

（作者单位：安徽省合肥市双岗幼儿园）

爱那些离你较"远"的教师

杨凯红

　　巴望学园是老虎园长一手创建起来的，其中有一名教师名叫胡里，有一名教师名叫黄扭。胡里是个头脑很好使的人，脑袋转得快，但嘴巴比脑袋更快，这么一个人，到处讨巧，如鱼得水；黄扭也很聪明，只是不大爱说话，并不是因为她不会说话，而是有许多话她不愿说，她更习惯于默默地做事情，在做中来展现她的想法，显然，黄扭并不会讨巧。

　　在幼儿园，胡里除了上课，她所做的事就是有事没事都在领导面前晃，当然不是简单的晃，否则还不被领导一巴掌赶走？她凡事都讲得头头是道，让领导感觉很舒心。做事情也是等领导快来了，再很有派头地表演一下，刚好让领导看到她的杰出表现。于是，领导对她赞不绝口。而黄扭总是默默地做着自己该做的事，离领导远远的，她连晃给领导看的时间都没有。因此，做得再好，领导也不知道是她做的，但她一稍有差错，领导马上就能知道："黄扭，这是怎么回事？你怎么老出差错，你看看人家胡里，做得多好，从来就没出过差错。"真是人无完人，做得越多，差错也就越多，不做事的人就永远不会出错。

　　有一天，学校组织老师们出去春游，胡里和黄扭碰巧一起乘坐领导的车，胡里一个劲儿地劝领导先上车，很热情。领导虽然忙着招呼大家上车、计算人数，看看该来的都来了没有，但可以看出她对胡里的热情很满意，觉得胡里真是一个好部下！让领导更有领导的派头！这时候，黄扭却一言不发，抢先上车了，人们不禁有点奇怪，这人怎么抢先了？瞧人家胡里多会做人！再看看，只见黄扭上车后，在最后面找了个最差的位置坐下，这就是不言不语的黄扭，真是不会讨巧。胡里让了半天，劝了这个劝那个，最后，她坐了一个最好的位置，也是她心里早就期望的位置。真是你好我好大家好！如此真是圆满！

　　胡里和黄扭这样的教职员工是很有代表性的，在每个幼儿园都会有。俗话说亲戚要常走才亲，同事也如此，常来往就显得更亲密些。而总有一些人对领导会主动去接触，鞍前马后的，这些人是领导容易想到的。而那些沉默的大多数，如黄扭之类的人，她们更习惯于静静地做事，远远地看到领导走过来了，也会立刻躲开，她们在领导的心里没留下什么印象。但是，她们这些人却撑着幼儿园的这一片天，因为她们是实干家，从不张扬，实实在在，领导在场她们这么做，领导不在场她们也一样，甚至做得更认真，全凭自己的一颗心。

　　所以，园长要用心去关注那些离你较远的、不言不语的教职员工们，主动去发现她们的优点，为她们创设实现自我、展示自我的平台。了解她们遇到的难处，给她们适宜的支持，不是她们没找领导就不需要支持，要让她们觉得，领导就是她们的坚强后盾。如此，她们就会干劲十足，信心满怀地去完成每一项工作，从而成为一名优秀的教职工。

　　园长，请把充满爱的眼光跳过你身边的人，投射到各个边缘、沉默的角落。

（作者单位：福建省南安市实验幼儿园）

48 适当关心员工的生活

张亚军

　　园长作为幼儿园的管理者，与员工间最主要的关系就是工作关系。在这种工作关系中，园长担任着人际、信息和决策等方面的角色。但无论哪个方面的关系，都与员工的生活或多或少地有牵扯和联系。有很多企业管理者或职场人士所信奉的将工作与生活隔绝的原则，其实在幼儿园并不适用，而即使在企业管理中，它也未必是值得推崇的。因为，每个人的工作和生活是很难完全隔绝的，尤其是在幼儿园这个以保教孩子为宗旨的教育场所中，情感的付出、爱心的倾注是幼儿园工作的重要特征，园长与员工之间的工作关系势必交织着情感。所以，对于园长而言，除了关注员工的工作，适当关心员工的生活也是管理的部分内容。以下案例可以看出管理者的智慧。

　　案例一：

　　　某幼儿园人手比较紧张，为了能使各项工作正常有效地运转，人员的出勤有所保证，管理者制定了满勤奖，明文规定对缺勤人员要适度扣减工资。制度执行不久，园里的一位老师和她家庭中的一个成员都得了大病。她因病缺勤，工资减少，还要负担沉重的医疗费用，生活十分拮据。园长了解到这些情况，协同工会组织给了这个教师适当的困难补助，并且动员全园教职工献爱心，帮她度过难关。对于按规定扣减她的工资，这位教师没有怨言；对于领导给她的关怀，这位教师非常感激，病愈后，工作干得十分出色。

案例二：

　　某园，一位教师因给母亲看病私自调了课，违反了园里的规章制度。园长得知情况后，立即带着礼品登门看望了这位老师的母亲。这位教师深受感动，主动找园长承认了错误。园长也因势利导，对她进行了批评。

　　这是两则成功的管理案例，作为管理者，园长不仅要关心员工的工作，还要关注员工的生活，并且通过适当关注员工的生活来提升员工的工作热情和效率。试想，如果园长对员工的生活实际情况不管不问，只是严格的照章办事，势必会伤害员工的感情，疏远与员工的距离，进而影响员工的工作积极性和热情，甚至会让员工感到园长没有人情味儿，从而降低管理者的威望和声誉。但上述两则案例中，园长很好地、很艺术地、很有人情味地处理了严格遵守规章制度和人性化管理之间的矛盾。两则案例中的教师都面临着既定的制度对她们的处理，一个是因请假缺勤要扣减工资，一个是因私自调课要接受批评教育。虽然都是事出有因，为了给家庭成员或自己看病，于情于理来说都是值得理解和同情的。但制度本身是严格的，有了制度就应该执行，这是作为管理者首先要把握的尺度。这两则案例中，管理者都把握了这个尺度，不因为情理和感情就放弃了制度的执行。但在如何执行制度上，却都采取了充满人情味的、适当关心员工生活的方式，不仅很好地执行了制度，还让员工很感动、很信服。

　　当然，我们的建议是适当关心员工的生活，而不要把对员工生活的关注超过了对工作的关注，甚至以生活中的人情味为由而代替或取消了对工作职责的履行、对制度的遵守，这是要十分警惕的。就是说，关心员工的生活要把握适度的原则。关心员工的生活应更多地体现在对他们存在的困难的帮助，对他们的烦恼的疏导，而不是过度介入员工的生活。以下的两则管理案例，能很好地说明这一点。

案例三："刺猬"法则

森林中有十几只刺猬冻得直发抖。为了取暖，它们只好紧紧地靠在一起，却又因为忍受不了彼此的长刺，很快就各自跑开了。

可是天气实在太冷了，他们又想要靠在一起取暖，然而靠在一起时的刺痛，又使它们不得不再度分开。就这样反反复复地分了又聚，聚了又分，不断在受冻与受刺两种痛苦之间挣扎，最后，刺猬们终于找出了一个适中的距离，可以相互取暖而又不至于会被彼此刺伤。

"刺猬法则"简单地说，就是同事之间不可太过亲密。也就是说，心灵是贴近的，但行动要注意保持距离。特别是对于园长和下属，园长要搞好工作，应该与下属保持密切关系，比如适当关心教师的生活等，这样做可以获得下属的尊重。但同时还要注意与下属保持心理距离，避免在工作中失去原则。能保持距离就会礼重对方，这种"礼"便是防止因双方碰撞而产生伤害的海绵。在上述两个案例中，两位管理者都遵循了适当关心下属但又不失去原则的"刺猬法则"。

案例四：北风和太阳

北风与太阳都对自己的力量感到满意，但彼此都不服对方，认为自己的力量比较大。于是它们决定：谁能使得行人脱下衣服，谁就胜利。

北风一开始就猛烈地刮，吹得树叶飞到高高的空中，久久不能落下。看到自己的威力，它觉得，自己脱下行人的衣服应该绰绰有余。不料，路上的行人紧紧裹住自己的衣服。北风见此情景，只得刮得更猛，还往行人的脖子里灌，企图把行人的衣服也吹坏。行人冷得发抖，便添加了更多的衣服。北风吹疲倦了，却未见一个行人的衣服被脱了下来，只好让位给太阳。

最初，太阳把温和的阳光洒向大地，行人脱掉了添加的衣服。接着，太阳又把强烈的阳光射向行人，行人们开始汗流浃背，渐渐地忍受不了，于是脱光了衣服，纷纷跳到了旁边的河里去洗澡。

最后，北风羞愧地向太阳认输了。

如何让员工全心全意、尽职尽责地做事，的确是一门管理艺术。员工和管理者之间，确实存在着某种程度的距离和隔阂，而如何消除这种隔阂，则困扰着许多管理者。倘若管理者如北风般的严酷，只会让员工更加警戒；而如太阳般的温暖，则会让他们丢掉所有的戒心，一心为你做事。在本文最初两个案例中，园长的管理正如太阳般温暖，因为她们关心员工的生活，使员工丢掉了心中的芥蒂，一心一意地工作。如果对员工的实际生活不管不问，那正如北风一样呼啸，虽然程度猛烈，却未必能使员工信服。

综上所述，幼儿园为了维持正常的保教秩序，必须制定严格的规章制度，并且坚决贯彻执行。但是在具体的实施过程中，往往会遇到一些复杂的情况。有些员工违规确实有令人同情的客观原因，这些往往涉及对员工生活的关心。如果执行规章制度时不考虑这些情况，就不能发挥规章制度的积极作用，而且还容易产生负面效应。在这种情况下，一方面要严格执行规章制度，以保证工作效率；一方面又应考虑具体情况，适当关注员工的生活，给予人性化的处理。与此相关联的要点如下：

• 园长和老师的关系，不仅仅是上下属关系，还应该是朋友关系。

• 园长和老师的交流，不仅仅限于工作，还可以谈生活，只要以工作为主就行。

• 工作与生活是紧密相连的，工作上的事情，有时候要从生活中找原因。

• 对员工生活的关注，要把握适度的原则，不是所有的生活都与工作相关。

（作者单位：安徽省合肥幼儿师范学校）

49 利用教育笔记与教师交流
赵　侠

教育笔记是教师对教育过程的观察与记录，是教师对教育现象的分析与理解，是教师对教育过程的反思与感悟。教育笔记不仅记录着教师的教育思想与行为，还反映了教师的心理状况与一些真实的想法。

作为园长，首先要以身作则，养成写好教育笔记的习惯，不断记录与反思自己的工作，成为教师的榜样，并经常通过将自己的笔记与教师进行交流，促使教师养成每周写几篇教育笔记的习惯，不断提高教师的教研水平。其次，要利用教育笔记这个平台，坚持以人为本的管理思路，及时了解幼儿教师的教育工作和思想动态，走近每一位教师的心灵，发现教育中的细节与亮点，从而不断调整自己的工作思路。园长查阅教育笔记的目的，是根据教师在笔记中的记录与反思，切合教师成长的心理需要，及时给予激励和帮助以及正确的引导。园长要用关爱与真情感化她们，用言语与行动影响她们，并坦诚地与教师交流思想，使幼儿园这个团队产生一种积极向上、团结互助的工作风气。

为此，我每次查阅教师笔记后，总会根据不同内容、不同情况的教师笔记，在后面附上几句自己的真实感想，通过及时激励、引导、沟通，调动教师的积极性，拉近与教师的距离，推动工作的顺利开展。

一、面对成熟的骨干教师，应鼓励其不断超越自我，发挥带动作用

我认为，任何一个团队，都是既需要迎风飘扬、多姿多彩的树叶，又需要默默无闻、粗壮有力的树干。幼儿园有不少经验丰富的中坚力量，她

们对周围教师，尤其是年轻教师起着潜移默化的作用，同时，她们也需要园长的欣赏与支持。面对这些成熟的骨干教师，我真诚地欣赏她们的才能，并鼓励她们不断超越自我，发挥示范带动作用。

例如，周老师是一名老教师，性格内向，工作细致周到，平时我就比较尊重她，在她的笔记后面，我郑重地写道：

> 我觉得家长把孩子交给您，不仅可以放心，而且有一种幸福感。您细心呵护每一个幼儿，您用慈母般的胸怀宽容孩子的一切，您细心捕捉每一个教育契机。每一篇笔记都是一个好的随机教育的再现，且各具特色。幼儿园有您这样的老师，应感到莫大的欣慰。谢谢您为孩子和幼儿园所做的一切。

对此，朴实的周老师说，得到园长的认可，她觉得一年的工作没白干。

再如，陈老师已有16年的教龄，工作扎实、方法灵活，而且写得一手好字，每次，她的教育笔记不论是内容还是字体，都是我园教师争相品味的范本。读了她的笔记，我由衷地写下：

> 读你的日记是一种享受，每一字、每一行、每一篇都让我爱不释手。
> 字里行间融满真情，好像所有的景象映在眼前：你朴实无华、沉着稳重的性格，你与孩子在一起时灿烂的笑容，你在教育现象面前的反思与感悟，面对不同性格的幼儿你灵活多变的教育方法……
> 真希望我们教师当中多几个像你一样的！

陈老师、周老师在工作中确实起到了领头羊的作用，对于每次安排给她们的工作，她们都是尽心尽力去做好，并主动带领一批批年轻教师做好班级工作、教研工作。有时，我们通过笔记交流，有时坐在一起讨论，陈老师、周老师等几位老教师提出的一些好的建议促进了我的工作，我感到，我们在一起既是姐妹，又是笔友，更是一心为幼教而努力的同心人。

二、面对年轻教师，应给予及时的激励与引导

年轻教师有活力、有激情，应该说，她们是带着满腔热情和美好憧憬步入工作岗位的，但她们往往有理论却不知如何实践，有热情但有时却缺乏冷静，有干劲却缺乏方法，常因工作后的现实与最初的想象存在反差而感到失望，于是，她们的笔记中有无奈、有牢骚，甚至有些消极的思想。这时，园长鼓励性的留言及在工作中的指引，便也起着关键的作用。

如我园的菲菲老师，工作时间不长就遇到一名自控能力差、攻击性行为多的孩子，菲菲老师在班级管理上感到越来越被动，在笔记中由开始对孩子的称呼为"宝贝"，变为"某某大人又惹事了……"甚至有两篇笔记明显地流露出烦躁与不满的情绪。在笔记抽查中，我发现了她的思想变化，于是在她的笔记后面写下：

> 孩子是你的宝贝，
>
> 你是我们的宝贝；
>
> 你爱孩子，孩子也爱你，
>
> 我们爱孩子，我们也爱你；
>
> 你关注着每一个孩子的变化，
>
> 我们也关心你的成长；
>
> 你是我园最小的老师，
>
> 你是我们的希望，
>
> 别灰心，付出会有回报的！

老师们告诉我，菲菲老师看完我给她的留言，就像个孩子似的，蹦蹦跳跳跑回教室了。来到她的班级时，我读懂了她的笑容与眼神，那就是自信与信任。我和她们组的陈老师一起与她交谈、分析，并把她班里的浩浩小朋友作为园长的个案管理对象，与她共同观察、分析，帮助浩浩学习如何与同伴交往，我们还一起多次与浩浩的家长交流，争取到家长的配合，

浩浩逐渐有了进步。孩子在成长，我们的菲菲老师也在成长，她对工作不但积极、主动，而且所带班级的孩子家长满意度非常高，她自己也在园内外多次举行公开课，看到她取得进步，我由衷为她感到高兴。

三、面对失误，善待教师，适时疏导

每一位教师都有自己的闪光点，有自己的个性。作为园长，当教师取得成绩时，要及时给予鼓励；当教师遇到困难时，应适时给予帮助；当教师工作出现失误，千万不要盲目责备，应帮助其分析原因，进而提出建议和意见。小张老师在一次讲课比赛中因失误未获得名次，她在笔记里写满了自责与后悔，我针对她比较喜欢唱歌的爱好，写下了一句歌词：

"不经历风雨怎么见彩虹。"敢于分析、反思一节课，这正是成功的开始。

后来，我与她一起分析了她的设计思路，讨论了她拥有的优势和比较成功的地方，对其中的不足之处提了几点建议和希望。不久，我又悄悄地送给她一本自己喜欢的日记簿，上面写着《学记》里的一段话："学然后知不足，教然后知困。知不足然后能自反也，知困然后能自强也。故曰：教学相长也。"小张老师终于甜甜地笑了。

开学后的第三周，一次我抽查英语专职教师的笔记，没想到，其中有两位年轻教师竟然交给我两本空白笔记。怎样做才既不使她们丢面子，又能使她们认识到自己的懒惰与侥幸心理？思来想去，我提笔在她们的笔记簿第一页写下了开场白。

我给爽快的小李老师写下：

多看多学，记下与孩子在一起的精彩一幕，让我们一起积累吧！

对性格内向的静静老师，我是这样写的：

我们羡慕你们，孩子们喜欢你们，你在教学工作中一定有许多感想与反思，让我们一起记下来好吗？

后来，我拿了自己与其他几位老师的教育笔记，与她们交流针对不同年龄段的孩子如何组织教学；对教育活动中出现的突发事件怎样机智地处理，使她们能抓住自己从教生涯中的灵感，能及时对教育活动进行反思。年轻的她们进步很快，所写的笔记在学期检查中，被评为集体一等奖。静静老师根据平时自己的积累所写的论文《在英语教育活动中培养中班孩子的礼貌行为》，获得了全市幼教论文评选一等奖。

四、发现亮点，及时推广，共同成长

有些教育细节，作为管理人员可能在平时并未留意到，但在教师的教育笔记中却有不少闪光点，反映出了教师细致而灵活的、富有创造性的、独一无二的方法和发现。

维维老师带领孩子在户外活动时，发现孩子在玩废旧轮胎时有许多与以往不同的玩法，她写了一篇随笔。我发现了她的做法，于是在她的教育笔记中留言：

孩子的发现，有了更多的玩法；

你的发现，改变了自己的教学方法；

你真是一位细心的老师！

我与教研室商量，建议维维老师带领教研组在户外活动开展方面进一步探讨"一物多玩"，在全园户外游戏听、讲、评活动中，不少教师借鉴了她的做法，使各班的户外活动更加丰富多彩。

为了更快更好地传递信息，我们经常组织教师交流笔记，彼此互相学习，通过读看、演讲、评选、汇编成册等形式，形成了共同学习、取长补短、资源共享的氛围。

几年的园长生活让我感到，我与老师的心走得更近了，我们之间更默

契了，幼儿园的管理工作充满了信任感和人与人之间的亲密感，我们也越来越珍惜幼教这份工作，越来越珍惜我们之间的缘分。不少教师愿意把心里话告诉我，愿意把自己的教育笔记交给我看。如果我因工作忙或出差耽误了抽查，好多老师还会主动提醒我："园长，你可好长时间没看教育笔记了。"

因教育笔记的存在，我与教师们的心更近了！

（作者单位：山东省平邑县教育局）

50 让管理制度更加人性化

朱伟群

幼儿园是社会这个大家庭中的一个小家庭，而教师就是这个家中的一个个"孩子"。要让教师在这个温馨的家庭中快乐地生活和工作，感受到家庭成员间的美好情感，园长——家庭中的父母亲，就要善于观察、及时识别、统筹调节，只有这样，幼儿园这个小家庭才能和谐、温馨。

一、关注教师的情绪和情感

幼儿园园长不仅要关心教师、尊重教师，帮助教师提升她们的生活质量，更要关注教师的生命价值发展。

这方面内容具体体现为园长要密切关注教师的情绪变化，帮助教师提升生命质量，构建教师的精神家园。教师的压力除了来自工作，还包括现代社会中个体人普遍存在的诸多生活压力，诸如婚姻、家庭的压力等。这些压力虽然不是直接由幼儿园工作造成的，但可能对幼儿园教师的工作产生影响，却是不争的事实。

例如，近年来孩子的入学问题已经成为"全民皆动员"的大事，每年春节一过，家有孩子入托或是升学的家长就开始了东奔西跑。幼儿园教师基本上都是年轻的妈妈们，对于自己孩子的入学，她们同样寄予了很大的希望。为了给孩子创造一个好的学习环境，为了不让孩子"输在起跑线上"，很多教师妈妈们在孩子入学一事还没有确切的消息时，上班期间经常会患得患失，情绪焦躁。

又如，随着年轻女孩不断充实到幼教队伍中，她们的活力、可爱给幼儿园增添了一道灿烂的风景。但同样，年轻女孩的恋爱、婚姻等也会给她们带来很多情绪变化。年长教师也普遍存在的烦恼，很多教师在幼教岗位上默默地耕耘着，不知不觉已经进入更年期，她们不时地被烦躁、心慌等情绪困扰着，而且，她们的子女也已步入成年，面临着学习、工作、子女的婚姻生活等一系列问题，年长教师要操心的事也不少。

所以，教师个人的情绪和情感变化应该是幼儿园园长关心的问题之一。园长对于教师情绪的变化要有一种宽容的态度。因为宽容是人类情感的种子，拥有宽容才会有和谐，她能在人类心灵这块静土上慢慢地生根发芽，在爱的呵护下苗壮成长。

二、实施人性化的管理方式

关注教师的情感和情绪变化，要有相应的措施。总体而言，实施人性化管理是园长关注教师情绪、情感的具体表现。幼儿园不是军营，不必到处强求一律。在一个"一律"的环境中，最大的损害是老师的创造性。在一个充满人性化气氛的环境中，老师的压力感最小，老师的创造性也因此可以得到最大程度的发挥。在美国硅谷的企业里，人们的穿着不同，上下班时间各异，乍看上去，一切都带有随意性，但从深层次挖掘，则可以发现这一切处处都体现了人性化的痕迹。我们可以仿效他们的思路，实施人性化管理，为减压、增效创造条件。

例如，我们可以制定宽松的工作规范，不刻意实施各方面的监控。现在，在大城市中，由于交通状况不佳，堵车是常有的事情，很多教师上下班选择的交通工具还是公共汽车，每每在车上看着马路上排起的长龙，真是叫苦连天，尤其是雨季，更是着急。对此，每月对路远的教师给予一定范围内的时间调控，不失为一种富有人性化的管理措施。

我园的小郭老师，长期受乳腺疾病的困扰，医生通过会诊确认，她需要住院接受手术治疗。幼儿园教师的工作是一个萝卜一个坑，一个班级两个教师，只要一个教师不到岗，整个班级正常的教学开展就会受到影响。

所以很多教师往往是一般的小病扛着不休息，非常辛苦地硬挺着。这个女教师在快放寒假时，又收到医院的住院通知。面对还有最后一周的工作，虽然自己手上的工作已经落实，但是班级的孩子需要老师，而且一旦请病假，一年辛苦坚持下来即将发放的年终奖，就会受到影响。小郭老师思前想后，不得不又一次把住院手术治疗的时间推迟。

园领导得知情况后，专门就此事召开了中层干部碰头会。幼儿园是一个以女性为主的单位，以后类似的事情一定会时有发生，为了让教师既有一个健康的身体，基本利益又可以得到保障，商量以后，大家认为虽然有规章制度就必须坚决执行，但是既然制度是人定的，那么也可以根据单位的具体情况加以变通。于是决定，如果病假时间不是很长，教师在自我调整好班级带班的情况下，可以用调休冲病假。这样，教师就不会因为经济利益而耽误治病了。

这个举措一经推出，立刻得到了全体教职员工的一致拥护。大家都认为，园领导在个案事情的解决处理过程中，及时地调整和补充已有的制度，使得制度能够在充满人性化的环境中落实并实施。患有乳腺疾病的小郭老师，得知园领导为了自己住院的事情，及时地推出了人人称赞的决策，也没有了顾虑，在医生的安排下，顺利进行了手术治疗。

寒假过后，小郭老师经过休息调理，神采飞扬地来上班了。解除了疾病的困扰，小郭老师工作的积极性更高了，她发挥自己的特长，组织幼儿园的小朋友开展了"小手牵大手"幼儿园美育节活动，以及"我为奥运加油"、"喜迎世博长卷画"等美术主题活动，并且还多次指导幼儿参加各种美术绘画比赛，多次获奖。不仅提高了幼儿园小朋友的审美情趣，而且也为幼儿园争得了荣誉。从此以后，幼儿园的教师一旦生病了，再也不用苦苦地硬撑着了。

最后，我想说：园长们，让我们多一份关爱，多一份真情，让我们在和谐的音符中生活，让我们用宽容奏出美妙的交响乐，给教师们一个温馨的家！

（作者单位：上海市实验幼儿园）

如何留住男教师

徐帮强

男教师加入到幼儿教育领域来，无疑有利于幼儿形成健康、平等的两性角色意识，促进幼儿的个性全面和谐地发展，有利于幼儿教师师资队伍素质的提高和整个幼儿教育事业的发展。但同时，我们也发现，男教师队伍很不稳定，男教师经常更换工作，流失现象比较严重，这是园长需要关注的问题。幼儿园如何留住男教师，这是摆在园长面前的一个重要问题。作为一名多年从事幼儿教育工作的男教师，结合自己的经历和多次与全国各地幼儿园男教师交流、沟通的体会，我认为，幼儿园应从以下几个方面做好留住男教师的工作。

一、明确目的，真心对待

不少幼儿园聘用男教师的目的不够明确：有的仅仅是为了增加幼儿园的招生亮点，有的是为了招一个"多功能的人才"——哪里需要往哪里放，有的仅是为了调整一下幼儿园男女教师的比例，有的是随大流盲目招人……这样极易导致幼儿园不能正确对待男教师，使不少男教师认为自己在幼儿园好像一个"杂工"，并不是真正意义上的教师，因而缺乏职业归属感。

对此，幼儿园必须更新观念，充分认识到：聘请的男教师也是教师，他们能给孩子们更多的成长阳光，有助于孩子们良好个性的培养，有助于幼儿园教师队伍的和谐发展。只是他们与女教师有着性别上的差异，教育教学方法有别于女教师而已。幼儿园应该以人为本，真正把他们安排到日常的教育教学工作中去，发挥他们的特长，给予他们更多的关怀，让其感受到作为一名教师的尊严，激发他们的工作积极性。同时，要在幼儿园内部创设一个尊重男教师的氛围，积极向女教师、家长、社会宣传男教师在幼儿教育中的重要性和他们在教育教学方式上的独特性，使男教师得到同事、家长和社会的认可，进而促进男教师获得职业归属感。

二、加大培训，促其成长

男教师的成长过程与女教师相比，有着更加艰辛的成长历程。他们一方面要学习女教师的细腻、温柔、耐心，另一方面又要突出自身的粗犷、阳刚、勇敢。随着我国幼儿园课程改革的不断深入，我们越来越感觉到，影响教师专业成长的重要因素主要是观摩学习和群体交流。然而，如今不少幼儿园的男教师都是凤毛麟角，这就导致了男教师的成长往往缺乏学习和交流的对象，成长主要靠他们自己在实践中不断摸索，因而成长速度也较慢。

针对以上情况，幼儿园应充分认识到对男教师进行培训的独特性，加强对男教师的培训，为男教师量身定做专业成长计划。一方面，在园内为男教师配备专门的指导老师，结合男教师的特长组织专门针对男教师的培训活动，加大对男教师教育教学活动的指导，提高其综合教育教学水平。另一方面，还要多组织男教师外出学习，鼓励他们与其他幼儿园的男教师进行交流和沟通，为他们树立起良好的学习榜样。相信这种独特的园内培训与园外学习相结合的方式，定能让男教师感受到幼儿园对他的关怀和寄予的厚望，进而奋发向上，迅速地成长起来。

三、特殊关怀，成就事业

根据马斯洛的需要层次理论，我们知道，一个人最大的需要就是自我实现的需要。男教师选择了幼儿教育这一行，他们大多数是立志将幼儿教育事业作为实现自我价值的奋斗目标，都怀有一颗想干出一番事业的雄心。他们顶着来自各个方面的压力参与这一行业，追求成功的愿望是极其强烈的。幼儿园应该注意引导男教师树立阶段性的努力目标，使其向最终奋斗目标不断迈进。

男教师教育教学的独特性，决定了他们在幼儿园教育教学中的地位。他们的教学很大程度上有别于女教师，他们思维敏捷、教学方法独特、敢于大胆想象，有助于幼儿创新思维品质的养成，有助于幼儿的个性全面和谐地发展。幼儿园应该结合他们的特长给予更多的关注，想方设法地给予他们"抛头露面"的机会，创设一个男教师展示自我的舞台，让其不断获得成功感，成就其事业心。例如，可以在对外公开课、班主任聘用、中层领导干部选拔、学期学年评优、对外交流等活动中给男教师更多的机会，让其获得成就感。当然，这里所说的特殊关怀还是以男教师的实际能力为前提的，并不是一味地迁就。

四、丰富生活，扩展交往

幼儿教育相对而言是一个比较传统的行业，与其他行业的交流不是很多，教师们的交际面较窄，特别是从外地到幼儿园工作的青年教师们，他们接触的不是同事就是孩子和家长。在幼儿园内部，女教师占绝大多数，这样一种内外相加的情况无形中导致了男教师的交际面较窄，认识的人也较少，而且认识的人当中大部分是女性。此时如果不注意加以正确引导，很容易使男教师的性格发生畸变或为女教师所"同化"，失去其独特的教学魅力。

因此，幼儿园应该想方设法地扩展男教师的交际面，提供机会让其走出幼儿园，走入社会。如幼儿园可以通过举办与外单位的联欢活动，派男教师参加男教师工作研讨会，介绍一些朋友给男教师认识，组织其参加群体性的体育锻炼等形式，不断加强男教师与他人的交流和沟通，扩展和丰富男教师的交际面，促使其性格在良好的人际关系交往中朝着和谐健康的方向发展。

五、提高待遇，解除顾虑

长期以来，男性幼儿教师很少，除了是因为受传统的性别观念影响之外，还涉及教师的待遇问题。从我国目前教师待遇来看，幼儿教师的整体待遇水平在各级各类学校中是最低的。工资待遇比较低，社会地位又得不到认可，甚至有时还可能会遭到别人的嘲笑，这些都极易造成男教师的自卑感，使他们没有真正的异性朋友，更不用说谈婚论嫁了。这也是为什么有不少幼儿园虽然招聘了男教师，也对男教师进行了培养和重用，但由于工资待遇问题未得到解决，男教师还是很快流失的原因。

幼儿园应该充分认识男性教师加入幼儿园的独特性，想办法帮助男教师解决后顾之忧。一方面，要设法提高男教师的待遇。可以在工作中对男教师委以重任，以重要岗位提高其待遇；也可以通过一些特殊的优惠政策来提高其待遇，如实行男教师每月补贴、男教师学期奖励等措施来提高其待遇，甚至组织男教师参加一些特殊的教育教学活动，多劳多得，通过发放加班费的形式提高其待遇等。另一方面，也可以尝试利用幼儿园自身的资源，引导女教师与男教师交往，通过多种形式的沟通与交流，促进他们深入了解，有缘的可以由同事变为夫妻。夫妻两人职业相同，彼此之间有共同的语言，从而能互相尊重、理解，有利于男教师在幼儿园稳定地工作，更有利于幼儿园形成一支稳定的男教师队伍。但是这里也要指出，幼儿园一定要处理好一对夫妻在同一幼儿园工作的问题。幼儿园一方面要多给予他们优惠政策，以便留住男教师；另一方面在教育教学等具有原则性的问题上也不能放松，有了问题要一视同仁，不能搞特殊化。

诚然，幼儿园要想真正留住男教师，除了做好以上几点之外，还有许多工作要做，例如，解决在园内如何组织男女教师的搭配问题，怎样确定男教师在整个教师队伍中的比例问题，怎样提高家长对男教师的认识问题，如何提高男教师在社区中的认同感问题，等等。但是，**男教师作为一个特殊的教育群体加入到幼儿教育中来，幼儿园就应该以人为本，正确看待男教师、关心男教师，促其不断成长，使其获得职业成就感。**唯有如此，我们的男教师才会坚定不移地在幼儿园长久地工作，我们的孩子也才会获得更全面、更健康的成长。

（作者单位：广东省佛山市顺德第一幼儿园）

「家」「园」手拉手，共同育「幼苗」

赢得一位家长的信任就能影响一批家长，获得一百位家长的理解就能取得更多家长的支持。家长的良好口碑能使幼儿园获得积极的社会认可。家园协力同心，合作沟通共育，就为幼儿搭建了一个健康成长的幸福乐园。

——安徽省合肥市宿州路幼儿园　胡传朵

　　家长是幼儿园发展的重要外部促进者，园方只有不带任何权威、充满信任地与他们合作，随时向他们敞开大门，甚至适时地让他们分享权利、承担责任，二者形成真正的共同体，"家园共育"才能实现。

——中国福利会托儿所　陈磊

　　作为园长，千万不可忽视对幼儿园进行"市场宣传"，只有有计划、有组织地对幼儿园进行宣传，才能使幼儿园得以快速地发展、壮大起来。

——河北省迁安市光彩幼儿园　刘学军　任英春

"家""园"手拉手，共同育"幼苗"

胡传朵

家园共育应该是园长工作的重要内容之一。孩子就像那一株株娇嫩的幼苗，需要家庭、幼儿园如同阳光、雨露一般，为他们的健康成长提供养料。上幼儿园是孩子们第一次离开家人，开始尝试着学习独立生活，因此需要家庭与幼儿园的紧密联系与配合——家园共育。采取幼儿园、家庭、社会三位一体的立体式教育模式，可充分发挥家长的教育作用，提升家长的育儿经验，让幼儿园教育与家庭教育同步协调发展，争取做到家园手牵手，共同育幼苗。

一、定贴心举措，筑家园之桥

幼儿园和家庭的教育，是孩子们健康成长的阳光雨露，同步、同向合作的教育，才能起到最佳的效果。每学期的家园工作应制订详细的计划并将其纳入幼儿园的园务计划中，将其作为一项重点工作来抓。每班推选热心的家长组成家长委员会，定期召开会议，把平日里和班级家长的交流热点带来和大家讨论，幼儿园把大家关心的教育教学、卫生保健、伙食、安全等方面的情况告知家长，激发家长参与幼儿园工作的主人翁意识，使他们能从幼儿园的发展及孩子的健康成长出发，提出好的建议。

此外，幼儿园可推出一些为家长排忧解难的贴心小举措，如每天安排教师值早晚班，免费看护早入园、迟接走的孩子，让工作繁忙的家长放心，解决家长着急接送孩子的后顾之忧，这些全心全意的服务深受家长们的欢迎和赞扬。

二、细心常相伴，沟通无极限

为了使家长能够经常了解孩子在幼儿园的情况，老师们利用家长早晚接送孩子的时间主动与每一位家长沟通。班级里的重大活动如需家长配合的，可以书面形式通知家长，使家长了解各个活动的目的和任务。除此之外，幼儿园还可为家长安排如下沟通交流的机会。

（一）家长会

对幼儿园召开家长会，很多人会表示怀疑和不理解。其实，幼儿园的孩子年龄小，更需要家长的积极参与，了解幼儿园及班级的各项活动及培养目标，从而在家里采取有针对性的措施，帮助自己的孩子更好地成长。家长会上，家长可以了解孩子的情况和幼儿园的计划安排，看到一些活动资料，如孩子的作品、幼儿活动记录表、幼儿自制的"小书"等，感受到幼儿园里丰富多彩的活动对孩子健康成长的积极影响，引起共鸣，从而对幼儿园采取理解、信任和支持的态度。

另外，每年需要特别召开小班新生入园和大班幼小衔接的家长会，以便有针对性地指导家长如何在这个特殊阶段，在心理和知识技能方面帮助孩子顺利过渡。

（二）专题讲座

家教知识可以指导家长更好地解决孩子成长中的问题，幼儿园有责任和义务向家长宣传科学保育、教育幼儿的知识，指导家长正确了解幼儿保育和教育的内容、方法。开展家长讲座是普及家教知识的有效渠道。每学期，幼儿园可邀教育专家来园为家长和全园教师进行专题讲座，如幼儿期行为习惯的养成、如何培养良好的阅读习惯等。专家们凭借多年的教育研究经验并结合实践，深入浅出地讲解孩子发展的各阶段的特殊性、家庭教育的重要性及孩子智力开发的必要性。家长们有了相应的知识，是会改进教子方法，主动配合幼儿园的工作的。

（三）利用网络等现代技术

有条件的幼儿园可开设网站，为家园沟通提供便捷的条件。可定期更新网页内容，每周在网上公布教育教学活动计划及关于幼儿园管理、教学、卫生保健工作（包括食谱等）的新闻、通知等，让家长及时了解幼儿园的信息，从而更好地配合家园工作。教师也可以走进家庭开展家访，或根据家长的不同需求，利用如幼儿园网页、手机短信、QQ等多种形式与家长进行沟通。

幼儿园网站内容可设立"家园驿站"等栏目，其中包含"育儿心得"、"专家讲坛"、"亲子乐园"等版块，让家长了解育儿知识，上传育儿经验。通过班级平台，家长还可以与教师在网上交流孩子的在园情况，给本班教师留言，给幼儿园提建议，方便因工作繁忙不能来园沟通的家长向幼儿园反馈教育信息，使家园联系更加快捷、频繁，让每个家庭都成为幼儿园的合作伙伴。

（四）家园栏

"家园栏"是进行家园互动的另一个有效途径。幼儿园的班级不仅要有"家园栏"，而且还要每周更换内容。在"家园栏"公布周计划、月计划，选择适当的幼儿教育知识、保健知识，通过新颖的主题设计、丰富的内容吸引家长的注意力，引起家长的共鸣，达到共同教育的目的。让"家园栏"既成为家长接受幼儿教育信息的渠道，又成为家长开阔视野、学习丰富的幼教知识、增长育儿技能的途径。

三、快乐同参与，家园齐互动

（一）家长开放日

幼儿年龄小，他们在幼儿园学到了什么，是怎样学习、游戏、生活的，等等，这些都是家长非常关心的内容。所以，幼儿园每学期都应多次对家长开放半日参观园内活动，让家长一起参与幼儿园的教育，一起听老师上课、和孩子一起游戏。比如，在三八节邀请妈妈、奶奶和孩子们欢聚一堂，让她们品尝孩子们亲手制作的汤圆，体会浓浓的爱意；诸幼儿将自己亲手做的小礼物送给妈妈，把想对妈妈说的话写在贺卡里，增进浓浓的亲子之情。幼儿园应抓住每一个教育的契机，采用不同的家园互动活动、亲子游戏，将知识、能力、生活、情感等各方面的内容相结合，促进育儿水平的不断提高。

通过家长开放日，家长参与了孩子的活动，看到了自己的孩子各方面的表现与进步、差距与不足，也找到继续教育引导的方向。家长也懂得了怎样和教师主动配合，以取得教育的一致性。另外，通过开放日，家长看到了幼儿园教师工作的辛苦，会从心里感谢、理解教师的辛勤劳动，了解教师工作的同时也促使家长更好地做好家庭教育。

（二）亲子活动

亲子活动是幼儿园为家长特别提供的另一重要的家园互动环节。每逢六一和元旦等节日，幼儿园都可开展多种形式的"游园会"，邀请家长来到幼儿园参加由教师精心设计的游戏项目。家长和孩子一起在大草坪上随着欢快的乐曲跳韵律操，共同参与智力猜谜、小猫钓鱼、赶小猪等游戏。每个孩子的脸上都绽放着欢乐，每个家长的脸上都荡漾着喜悦，家长和孩子一起开心地做游戏，浓浓的亲情也拉近了家园距离。

四、平等共合作，拓教育资源

（一）客座教师

家庭是幼儿园重要的合作伙伴，家长的理解、支持和主动参与对幼儿教育工作可以起到积极推动的作用。幼儿家长是不可多得的丰富的家长教育资源，幼儿园开展"客座教师"活动，可以让不同职业背景、有成功育儿经验及鲜明个性特征的家长，为幼儿园教育提供很好的补充。这些活动既促进了家园情感，又丰富了教育教学内容，也吸纳了很多热心幼教的

"家长志愿者"参与，对其他家长起到了很好的带动作用。

（二）主题活动

主题活动的开展应得到家长的配合与支持。班级可通过"家长园地"及时向家长介绍主题活动的目标和一些主要的活动，使每位家长了解班级正在开展的活动，以便在生活中帮助孩子更好地学习。如主题活动"伞的世界"中，好多小朋友都从家里带来了漂亮的伞；在"感官总动员"中，请家长帮助幼儿自备食物（要求准备味道甜甜的、咬起来脆脆的、吃起来粘粘的、闻起来香香的食物），家长按照规定的日期逐一将物品带来，并将带来的物品装在自己的小塑料袋里，家长的配合使活动办得很成功。而主题活动不但让家长对幼儿园的工作有了进一步的了解，也让家长更加理解教师的工作，促进了他们参与幼儿园活动的积极性。

多种形式的家园沟通，满足了不同家长的需求，家长与幼儿园、家长与教师间的距离拉近了，家园合作的力度也增强了。

赢得一位家长的信任就能影响一批家长，获得一百位家长的理解就能取得更多家长的支持。家长的良好口碑能使幼儿园获得积极的社会认可。家园协力同心，合作沟通共育，就为幼儿搭建了一个健康成长的幸福乐园。

（作者单位：安徽省合肥市宿州路幼儿园）

53 幼儿园应随时向家长开放

陈 磊

　　在园长的心目中，家长既是我们的服务对象，也是幼儿园办学的重要合作伙伴。向家长开放幼儿园活动，既能让家长了解幼儿园的教育情况，又能引发家长参与幼儿园教育的热情，因此，每个幼儿园都有家长开放日活动。但是，要随时向家长开放，许多园长就有顾虑了。华东师范大学李生兰教授的一项研究表明，大多数园长反对把幼儿园家长开放日活动改革为"天天向家长开放，欢迎家长随时来访"，认为这样做既没有必要，幼儿园也没有时间接待。相反，大部分家长则赞成改革家长开放日活动。

　　其实，在国外或国内有些地区，幼儿园随时向家长开放已经是一种常态。我曾经到台湾高雄的一所幼儿园参观，看到有些教室里有家长参与活动，或拿着表格在记录。园长介绍说："我们的家长随时可以来幼儿园观摩孩子的活动情况。"

　　"那会干扰正常的教育教学吗？"我产生了疑问。

　　"不会，我们有一张日常开放活动预约单。原则上每天预约的家长不超过3位，这样既能满足家长参加孩子活动的要求，也不会因为人多而干扰孩子的活动。"

　　这时，我刚好看到一位家长拿着老师给的表格，正在记录孩子在区域活动中的操作情况。真是好办法，家长来参加活动，还能帮助教师做观察。一路走来，在校园内，随处可以见到家长们参与幼儿园活动、管理的痕迹：家长和孩子共同制作的垃圾分类箱，让幼儿在生活中建立起环境保护的意识；贴在展示栏内的"家园小报"，每月一期，由家长负责编辑；每月一天的"家长接待日"公告，任何家长有任何问题，都可以找园长面谈。

家长开放日活动在幼儿园中也是很普遍的，通常是亲子运动会、迎新等活动，家长们来幼儿园和孩子一起参加老师设计的亲子活动，但像台湾高雄的幼儿园如此常态化的丰富多样的活动，我还是第一次见识。

与我以往认识的家长开放日活动相比，台湾高雄幼儿园给我带来了全新的概念。可见，只要组织得当，日常化的家长开放日不仅不会干扰教学秩序，还能为幼儿园教育提供更多的人力和物质资源支持，使幼儿园教育更加丰富多彩。

如何让幼儿园在随时开放中保持有序运作呢？可以参照以下做法：

一是建立开放日活动的预约制度。幼儿园可以建立"园长接待预约制"、"班级活动预约制"、"园所环境参观预约制"等预约制度。齐全的预约制度，既能满足家长与幼儿园多样的沟通需求，又能让幼儿园的各个部门做到事先了解、有效准备、有序接待。

二是建立开放日活动的分层负责制度。根据开放日活动的内容和性质，确定各类开放活动相关负责人的权利和职责，注重家长的意见和反馈。例如，我们把班级内的日常开放活动权下放给教师，由班级教师制定本班的开放活动家长参与和反馈制度，如《区域活动观察反馈表》、《集体活动组织情况反馈表》、《户外活动、生活活动反馈表》、个别家长开放日活动反馈交流制度等。这样，通过组织班级日常开放活动，既能帮助家长观察、了解孩子的发展情况，指导家长科学的育儿方法；又能帮助教师了解家长的需求和本班存在的问题，使教师持续改进自己的教育教学工作。

三是丰富开放日活动的形式内容。家长开放日活动的目的，不仅是让家长了解幼儿园的教育教学，更重要的是激发家长参与幼儿园教育教学的热情，为幼儿园提供更为丰富多元的教育资源。因此，在幼儿园里可以设置多样化的开放活动，让家长走进幼儿园、走进幼儿园课程。例如，我们设置了"爸爸、妈妈、老师"活动，让身处各行各业的家长们以优质教育资源为孩子们搭建一个教室外的课堂，丰富课程内容。这既密切了家长、孩子和学校的联系，又大大开阔了孩子们的视野，为幼儿的探索性学习、体验性学习和创造性学习提供了更广阔的空间。

　　幼儿园是孩子学习的小环境，只有和家庭、社会紧密联系在一起，才能为孩子提供真实、整合、丰富、生动的学习大环境。**家长是幼儿园发展的重要外部促进者，园方只有不带任何权威、充满信任地与他们合作，随时向他们敞开大门，甚至适时地让他们分享权利、承担责任，二者形成真正的共同体，"家园共育"才能实现。**

（作者单位：中国福利会托儿所）

54 不要让家长委员会形同虚设

肖 云

家长是幼儿园重要的合作伙伴，所以，对幼儿园家长工作的管理也至关重要。成立家长委员会（以下简称"家委会"）是幼儿园家长工作的重要一环。家委会成员一般由各班家长推选出符合一定条件的家长代表与幼儿园管理人员共同组成，他们负责制定家委会工作章程，制订切实可行的家长工作计划并保证其有效实施。幼儿园管理中，应积极发挥家委会联系幼儿园和广大家长的纽带和桥梁作用。那么，家委会的作用有哪些呢？

一、家园双方可以借助家长委员会进行双向的沟通交流

家委会成员中有各班家长代表，即家长的代言人。家长对幼儿园有什么要求、疑问、意见和建议等，都可以向家委会反映，再由家委会把这些信息及时、真实、全面地反馈给幼儿园，同时督促幼儿园在一定时限内回复。与家园之间的沟通相比，家长之间的交流更容易为他们所接受，家委会有利于家长和幼儿园之间进行平等的、双向的沟通与交流，提高了信息交流的效率。如关于孩子班服的购买问题，班级老师根据春游、早操观摩和文艺演出等活动的需要，希望为孩子购买统一的服装，但又担心有的家长不理解。园方与家委会成员沟通后，由家委会成员负责与家长沟通，与老师共同考察并购买，因为几位全职妈妈有充裕的空余时间考察，所以很快就在规定的时间内完成了班服的购买。由于有家长参与，在款式和价格上增加了透明度，家长们都很乐意接受，同时也减轻了老师们的负担。

二、在决策层面参加幼儿园的教育和管理

家委会成员可参与讨论教师工作计划、幼儿园发展规划，并提出合理化建议，关心幼儿园的保教活动，共商提高保教质量的大事等。参与决策可以给家长一种心理认同感，使他们感觉自己是幼儿园中的一员，从内心认可幼儿园，从而自觉承担起相应的责任和义务，帮助幼儿园解决难题，并担负起保证幼儿园正常运作的责任。

例如，一所小区幼儿园的家委会在垃圾中转站搬迁问题上，发挥了巨大的作用，特别是家委会主任参与其中的筹划、组织，使问题得以圆满解决。由于修路改造的原因，垃圾中转站搬迁至幼儿园附近，天气炎热，滋生蚊蝇，气味难闻，影响了孩子们的健康，适逢手足口病流行期间，家长们更是担心，意见不断。

幼儿园领导、老师们也心急如焚，逐级向上反映，希望能将垃圾中转站搬离，但收效甚微。家长们的意见越来越大，有的甚至要上街堵路拦车。这时，家委会主任主动与园领导沟通，了解了园领导处理该问题的难处后，召开紧急家长委员会会议商讨解决方案。家委会主任主动做家长的思想工作，请他们不要采取过激行为，而要通过正确的渠道反映情况，通过媒体呼吁来解决问题。

在不影响稳定的情况下，家委会向全体家长发倡议书并集体签名，又逐级向区教育局、市容局、街道等部门反映，联系省、市电视台进行了报道，从而引起区政府的高度重视。区政府领导做出重要批示：要求限期将垃圾中转站搬离，还孩子们一个健康、安全的环境。家委会成员还积极选址并向区政府推荐，使整个事件得以圆满解决，也为幼儿园领导解决了一大难题。

三、挖掘家长潜在的教育资源

家长的职业、阅历与专长对幼儿园来说是一笔丰富的教育资源，在家

委会的协助下，可以利用这些优势帮助幼儿园，可根据教学需要邀请家长参与教学活动。例如，有一位小朋友的家长是医生，班级教师就特邀她到班上，穿上工作服，给班上小朋友现场看病，并讲解小朋友肚子疼的原因。同时，还请这位家长为幼儿讲解卫生、饭前便后要洗手等卫生常识，孩子们听得认真仔细、饶有兴趣，取得了意想不到的教学效果。

四、配合幼儿园和班级大型活动的开展

幼儿园开展大型活动，离不开家长的参与，由于家委会具有对孩子负责的热情和较强的号召力，有些活动可交由家委会落实。如幼儿的外出春游，可邀请家委会成员和家长代表一同前往；还有周末"亲子活动"方案，由家委会成员参与制定和实施；幼儿伙食由保健医生和家委会成员一起安排；班级开展穿衣、歌唱比赛等活动，请家长当评委等。

五、家委会在履行职责过程中可发挥监督作用

幼儿园组建家委会后，可分设膳食组、管理组、教学组、调节组等，并发放聘书。在操作上，这些组既有分工又有协作，在参与的同时又起到监督作用。管理组定时组织召开会议、参与幼儿园重大工作的讨论和检查；教学组协助幼儿园完成保教任务，参与组织家园互动活动，发给部分家长代表"听课证"，家长可以凭借"听课证"随时留在幼儿园，进入各班听课，以了解并监督幼儿园班级教师的保教工作；膳食组不仅参与食谱的制定，甚至可以在中午突击检查幼儿园的膳食；理财组可参与伙食公开和部分物品的购买等。

六、建立幼儿园家长评价机制

幼儿园从家长那里调查了解一些问题，便于科学调整工作决策和完善评价机制。如制定并发放《幼儿园家长工作满意度调查表》、《家长开放日反馈单》、《幼儿伙食满意度调查表》等，了解全园家长对幼儿园各项工作

的满意程度，保证家长工作信息的畅通，促进幼儿园保教质量的进一步提高。家委会还可参与幼儿园保教人员的测评考核统计，从家长层面全面准确衡量保教人员的工作绩效。

当然，家委会工作也会存在一些常见问题，有待进一步完善。这需要园长注意以下问题：

（1）需重视家委会主任的推选。一个好的家委会主任既要具有热心幼儿园工作、热心孩子教育的品质，又要具有一定的先进教育理念及社会关系的公关能力等，所以需要在全面调查了解的基础上确定人选。

（2）活动时间的保证。家委会成员中要有一些离退休人员和专职妈妈，保证成员有时间开展活动。对在职人员要提早安排会议时间并进行有效沟通，这样才能保证活动的顺利开展。

（3）注意家委会成员的衔接。大班毕业前要做好家委会成员的补充和衔接工作，做好新老家委会成员的交接工作，最好可以让新成员提前介入、参加工作，使衔接更加自然。

（4）有计划地开展工作。园长要将家委会工作列入幼儿园工作计划之中，参与工作计划的制订，把握家委会工作重点及推进情况，要主动与家委会主任联系沟通等。

总之，园长要研究并明确幼儿园家委会的作用，不断完善家委会的管理，有效提高幼儿园的管理水平。

（作者单位：安徽省合肥幼师实验幼儿园）

尝试家长义工服务制度

55

刘乐珍

在香港，义工活动日常化、坚持性和实效性体现得很好，人们普遍认为做义工是展示自我人生价值、提升自我素质、丰富生活经验、融入社会的机会。义工在作为服务提供者的同时，更是服务的受益者。因此，在香港交流协作期间，我经常看见家长义工在幼儿园忙碌的身影。

香港每所幼儿园都有自己的"家长义工服务制度"，园长或教师会根据每位家长的职业优势和个人特长安排其每学期来园义务服务一次，协助幼儿园开展工作。有的幼儿园每天都有家长义工，他们在园内协助秩序管理、协助处理班务、幼儿运动器械的搬运，协助厨房做择菜、洗菜等工作；也有的幼儿园是在外出活动时请家长义工协助教师做好幼儿的安全保护工作，以及在大型活动中帮助摄影、摄像。这样做的目的，都是为了发掘和运用家长中的人力资源参与学校管理，更好地为幼儿成长提供良好的环境和条件；密切家校之间的交流和合作，建立幼儿园与家庭、教师与家长之间良好的和谐关系；为广大家长提供关心教育、支持教育、丰富人生、回报社会的平台，在广大家长中形成热心公益事业的风尚，并为孩子树立行为楷模。

家长资源的充分利用可以补充一部分幼儿园教育资源的不足，使得幼儿园能够组织更多、更丰富的活动。当然，受益者不仅是学校、教师，最终受益的还是孩子。

首先，不同的家长所从事的职业不同，这些职业中也蕴涵了丰富的教育资源。充分利用家长的职业资源优势，能让孩子有更多的机会参与社会实践。

其次，家长的个人素质及其个性特征，存在着极大的个体优势，不同的家长有不同的爱好和兴趣。例如，有的家长热心助教，可以为幼儿园的课程发展出谋划策；有的家长心灵手巧、富于创造，可以帮助教师设计、制作教具、学具；有的家长性格开朗、爱好广泛，可以协助组织幼儿开展别开生面的文娱活动。对这些潜在的教育资源只要做到合理发掘，使其与幼儿园资源相配合，就能取得意想不到的收获。

再次，对于孩子而言，家长能到自己的幼儿园服务，可以让他们有亲切感，这就创造了一个心理相容的良好氛围。如一所幼儿园的小班组织参观附近的小区，让孩子们了解小区分布及配套设施功能（如健身区、医疗机构、配套学校以及一个具有综合功能的广场，包括菜市场、银行、理发店、餐厅、超市等）。若单靠两位教师组织幼儿就比较困难，但每班有两位做义工的家长协助组织，不仅解决了孩子路上安全的问题，而且有的家长就居住在该小区，对社区环境熟悉，因此，参观的过程中，家长领着孩子们边走边主动介绍，从中还随机渗透环保教育（如对垃圾分类桶的认识）、关爱他人的教育（如对盲人路标的认识）、礼貌教育（如主动与小区的老人、商场的售货员打招呼）等，使小朋友非常开心，一路欢歌笑语。在这种轻松的环境中，能取得令人愉悦的教育效果。

高质量的家长义工活动能让家长、教师、孩子共同受益，共同体验不同寻常的快乐。因此，我们可以借鉴香港的做法，向家长宣传义工的理念，只要沟通方法得当，本着一切为了孩子的宗旨，家长不仅会被请进来，还会起到积极的作用。

（作者单位：安徽省合肥市长江路幼儿园）

56 不要忽视市场宣传

刘学军　任英春

随着市场经济的不断推进，作为非义务教育的幼儿教育，也处于变革中，而家长作为幼儿园的主要合作者，不仅对幼儿培养的期望值越来越高，对幼儿入园的选择也越来越重视，这种现状导致各个幼儿园之间的竞争日趋激烈。因此，如何提高自身的市场竞争力，做好市场宣传，也就在某种意义上成为时下幼儿园管理者的首要任务。

案例：

某居民小区，家长们对幼儿园的评价主要靠口耳相传，或者到幼儿园门口进行观察，以此作为孩子入园的理由。有一位家长说哪所幼儿园好，那么大家都随声附和，反之，有一个人说哪所幼儿园不好，大家也跟着"数落"。而接下来的状况就是，这个小区的某个幼儿最先选择了哪个幼儿园，随之而来的就是很多幼儿都进了那所幼儿园。

某幼儿园园长说过这样的话："每当幼儿园寒暑假后招生开始之前，我总是印刷很多的宣传单，派送到各个小区及路口。同时，要求本园教师在招生工作开始前，做好内在形象建设，可是，这些并没有收到很好的效果。所以，对于幼儿园的市场宣传，我没有什么信心。"

某幼儿园，平时注重"内炼品质，外塑形象"，同时，顺应社会的人才需求以及家长的"口味"，办特色、创品牌。通过各种活动，让社会大众感知和体验幼儿园的内在精神，如幼儿园教师、兴趣小组入社区表演，举办社区手拉手等活动，不仅受到社会各界的好评，更受到了家长的青睐，生源一直饱满。

可见，市场宣传看似简单，其实是非常复杂，也是非常重要的。幼儿园进行市场宣传，是借助不同形式将幼儿园的有关信息及时、有效地传播出来，从而争取家长对幼儿园的了解和信任，放大幼儿园的形象，提高知名度，并通过舆论的制造、强化、引导和控制，宣传幼儿园，扩大影响力。作为幼儿园的管理者，园长应加强对幼儿园的市场宣传，让更多的人了解幼儿园、走进幼儿园。

一、要让家长成为"宣传先锋"

家长是幼儿园的主要合作伙伴，幼儿园的经营者应努力将自己的办园信息以多种方式让更多的家长接收，始终把自己最好的东西告诉家长，把家长最感兴趣的东西展现给他们。因而，哪家幼儿园最主动、最积极地把本园的特点、优势、风格、承诺等家长极为关心的话题，在最适当的时间、以最佳的途径传递给更多的家长，那么，这所幼儿园就会受到家长的青睐，同时，家长也会更好地理解、支持和配合幼儿园开展各项工作。

此外，基于同等的地位，家长的宣传更具有说服力和可信度。因此，幼儿园可以开展一系列的"家园共育"特色活动，如"家园心连心"、"你问我答"、"我爱我家"、"家园成长档案"、"家访"等活动，让家长真正地走进幼儿园，参与幼儿园的教育教学及管理，成为幼儿园的"重要成员"，并积极主动地为幼儿园的发展提供"宣传服务"。

二、视幼儿园形象为市场宣传的主体

任何一所幼儿园都应该有自己的形象建设，而形象建设更应该成为幼儿园宣传的主体。幼儿园形象，是指社会公众按照一定的标准和要求，对某个幼儿园经过主观努力而形成并表现出来的形象特征所持的整体看法、最终印象和综合评价，是幼儿园扩大影响力、争取各方面支持的重要保证。

现在，随处可见宣传自身形象的广告，如悬挂在高层建筑上的巨幅户外广告，公交车身上的张贴广告，各大超市、特色学校的彩色宣传单……即使是世界顶级的知名品牌，也毫不放松对自己的宣传。因此，幼儿园也应该在宣传自身形象方面作出努力。其实，幼儿园形象从客观上说，是幼儿园价值观的重要外化表现，主观上就是社会公众及幼儿园教师对幼儿园的总体看法和评价。这就要求幼儿园的园长，不仅要从教育的角度，更要以企业家的眼光去洞悉市场，从办园宗旨、园风园貌、行为规范、保教质量等方面来提高幼儿园的知名度，比如，经常更换园内外的设置，保持优美的环境；定期为社区进行家庭教育咨询与讲座；积极参与社区各种文化演出等。此外，幼儿园要集众人的智慧，走"特色办园"之路，在实践中探索符合本园发展的品牌和特色。

只有拥有了强有力的形象建设，宣传才有保障，幼儿园也才能够在社会大众心目中有准确的定位。

三、应借助媒体宣传拓展

任何一所幼儿园要求得生存和发展，就必须把"自身建设"做好、做精，也就是不仅要有保教质量和办园效益，还要以各种形式和途径"告诉大家"。当幼儿园取得了良好的业绩，或采取新的重大举措时，作为园长，要有先知先觉的能力，注意运用电视、报纸、广播、网络等传播媒体，把握有利时机，做好宣传，及时告知公众，有效地推广、调控幼儿园的发展，如向教育局网站、电视台、报社投稿或进行信息报道，提高幼儿园的声誉。

做好宣传，可制作不同时期、不同阶段的幼儿园宣传手册，将幼儿在园情况用照片或绘画的形式表现出来，并辅以文字注解。这些内容可以由教师和幼儿共同完成，以增加趣味性，满足不同读者的口味，图文并茂、较为全面地介绍幼儿园的各阶段教育教学情况以及幼儿在园一日生活实录，让社会各界充分了解幼儿园。

借助媒体，可以和电视台合作，举办"名园风采"、"名师成长"等栏目，以点带面，并对幼儿园的内在精神，如对园风、教师的敬业精神、幼儿的素质状况等进行感知和体验，让家长和社会各界人士对幼儿园所表现出来的，看得见的、摸得着的外在事物进行观察，提出宝贵意见，进而达到宣传的目的。

因此，市场宣传的好坏直接影响着幼儿园的声誉，决定着幼儿园的招生结果，甚至决定着办园的兴衰。**作为园长，千万不可忽视对幼儿园进行"市场宣传"，只有有计划、有组织地对幼儿园进行宣传，才能使幼儿园得以快速地发展、壮大起来。**

（作者单位：河北省迁安市光彩幼儿园）

57 家园沟通网络化

徐帮强

　　随着信息化的不断发展，网络给人们的工作、学习乃至日常生活的各个层面都带来了深刻的影响，网络沟通也成了人们日常交流沟通的重要组成部分。家长是幼儿园重要的合作伙伴，家园共育是最有效的幼儿教育形式，家园沟通水平的高低直接影响着家园共育的成效。为了顺应时代的新发展，幼儿园势必要进行家园沟通方式的改变，充分利用网络来提升家园沟通的水平。

一、加大硬件建设

　　随着社会的发展和网络技术的不断成熟，网络沟通越来越为人们所认同，越来越多的幼儿园开始重视网络的硬件建设，如校园局域网、互联网的连接，建立幼儿园门户网站、班级网站……这一切都为家园沟通网络化提供了较好的条件。

　　幼儿园应重视网络硬件的建设，除了校园局域网、幼儿园网站、班级网站之外，如有条件，还应申请专门的教育光纤，以保证网络的速度；申请固定的 IP 地址，建立起自己的服务器，为幼儿园数据的存放提供足够大的空间；每个班配备一台电脑，方便教师随时能上网；幼儿园内部任何一间活动室最好都有网络接口，并且能迅速连接到校园网和互联网，使网络连接无处不在；每个班配备专门的数码相机，以便教师随时捕捉孩子们的精彩瞬间等。优良的硬件设施，会给家园沟通提供良好的基础。

二、强化网络培训

　　新的时期，新的要求。随着沟通模式的不断变化，家园共育对教师的素质也提出了新的要求。教师除了要掌握传统的家园沟通模式（如面对面的谈话、电话访问等）之外，还必须掌握一定的网络技术，如浏览网页、网站搜索、上传图片、网络维护，等等。教师要学会熟练地进行网络操作，为家园网络沟通做好准备。

为了提高教师网络沟通的能力，可以有针对性地开展一系列的培训工作。例如，对教师进行校园网的基本使用方法培训，数码相机拍摄技巧的培训，数码图像处理加工的培训，声音录入合成的培训，网络主题发帖培训，网络下载培训，网络搜索培训，等等。教师们在培训中练习，在练习中提升，有针对性的培训会使教师们的网络应用能力得到有效的提升。同时可以开展针对家长的网络培训，集中各个班级对网络使用不熟悉的家长，进行班级网站浏览、发帖回帖、上传活动照片等方面的培训，使家长也初步具备网络沟通的能力。这样，教师、家长的网络沟通能力都在培训中得到了提升，家园沟通的"软件"也就准备好了。

三、设立丰富栏目

网络沟通具有良好的互动性、多样性。幼儿园在设计家园网络沟通时，应设立家长感兴趣的互动栏目，吸引家长参与其中，家长与教师在互动中进行沟通，交流育儿经验，从而提高工作效率。同时，由于网络还可以不受时间、空间的限制，只要能上网，就可以进行浏览活动，幼儿园还可以在网络上发布相对静态的资料让家长浏览。把互动性与展示性相结合，家园网络沟通才会更具发挥的潜力。

在互动性方面，幼儿园可以通过设立"BBS论坛"、"幼儿园留言本"、"园长信箱"、"班级信箱"、"教师博客"、"QQ班级群"、"网络调查"等栏目，及时与家长进行互动交流，使家长了解孩子在幼儿园的学习生活。同时，在展示性方面，可以在幼儿园网站中设立幼儿园简介、教师风采、幼儿园荣誉、幼儿食谱、活动通知等栏目，这些栏目一方面宣传了幼儿园，另外一方面也引导家长了解幼儿园的发展动态，有助于家长配合幼儿园开展工作。

四、建立网络制度

当前，虽然网络越来越为人们所接受，人们之间的沟通越来越及时。但另一方面，网络沟通也需要人们花费一定的时间和精力。幼儿教育保教并重，日常工作比较烦琐细致，教师们除了要做好孩子在园的保教工作外，还要通过上传一些孩子们在园活动的相片以吸引家长参与到沟通中来，这对教师是一个挑战，她们需要花更多的时间和精力来进行网络信息的更新。虽然也有不少家长喜欢上网与老师沟通，但有些家长更多的时候是被动地接受这些，上网只是浏览，并不发言，不愿意积极与老师交流。为了保证网络沟通的正常运作和提高沟通的效率，幼儿园必须建立起符合自己需要的网络制度对此进行约束。

园长可以制定网络更新制度，要求教师每周必须至少更新一次班级活动放送，上传一个新的主题活动；网络监察制度要求教师必须每天早上、下午一上班就登陆自己班级的班级网页，了解最新的活动动态等情况。幼儿园对家长也可以提出一定的要求，如要求每位家长每周至少登录一次班级网站并留言；或要求家长在重大节日结束后必须上传孩子外出活动的照片到班级网站等。教师与家长相互理解、相互信任，网络沟通就会更加及时，互动性也能得到不断增强。教育的责任意识增强了，教育就会更加有效。

五、做好数据备份

虽然现在网络技术得到了飞速发展，网络安全性也不断加强。但同时，各种病毒、非法黑客的技术也在不断发展，并且更具有隐蔽性和危害性。幼儿园的网络技术普遍比较低，网络安全意识不够，一不小心，就可能造成无法挽回的后果。这些情况严重地威胁着幼儿园的网络安全，阻碍了家园沟通的网络化。因此，必须加强网络安全防范，通过购买正版杀毒软件、开启防火墙、限制服务端口、加入区域病毒防御体系等方法，加强网络安全，同时还要特别加强对员工的网络安全培训工作，强化校园网的防毒工作、日常的维护工作等。

幼儿园还应养成及时备份网络数据的习惯，以便用于数据的恢复并保证网络的通畅。另外，还可以把收集到的数据整理成档案保存，以便家长浏览和教师教育反思之用，为共同教育好孩子提供教育研究的第一手材料。如把幼儿园网站 BBS 论坛的所有数据保存起来，为以后查找资料做好准备工作；各个班的教师可以把本班照得好的相片、文字备份起来，一个学期或一学年整理成幼儿成长档案，通过邮件或光盘的形式发给家长，教师与家长共同见证孩子的成长。同时，家长也可以把孩子在网上发表的作品收集起来，整理成册，留作数据资料永远保存下来，为孩子留下美好的回忆。

六、实施网络实名

网络是开放的、虚拟的，幼儿园通过网络与家长进行沟通，主要目的在于通过这种形式提高家园共育的效率，为沟通提供一个平台。但是，在实际操作过程中，也出现了一些问题。正是由于网络的虚拟性，有的人在网站 BBS 栏目注册用户名登陆后，随意发表言论，完全不顾及言论的后果，以至于可能为别有用心的人所利用，严重危害了幼儿园的网络安全。幼儿园往往要花费大量的精力进行网络的维护，费时费力。

为了保障幼儿园网络的安全，更为了能给教师和家长们一个洁净的网络沟通平台，可以实施网络半实名制，取消个人注册。由幼儿园统一给每一位家长提供注册用户名和密码，同时，为了维护个人的隐私，要求注册的用户名都是××妈妈、××爸爸等，经过这样的调整，幼儿园的网络可以更加安全了，网络环境也更加洁净了。

总之，家园网络沟通是互动的、平等的、开放的，教师与家长在网络上共同研讨孩子们的发展，及时、有效地达到了教育的一致性，教育效果较明显。家园沟通网络化建设顺应了当前社会网络化的发展，是一种新的家园沟通模式。

（作者单位：广东省佛山市顺德第一幼儿园）

图书在版编目（CIP）数据

给幼儿园园长的建议/朱家雄，张亚军主编.—上海：华东
师范大学出版社，2010.7
ISBN 978 - 7 - 5617 - 7985 - 9
Ⅰ.①给... Ⅱ.①朱... ②张... Ⅲ.①幼儿园—管理 Ⅳ.①G617
中国版本图书馆 CIP 数据核字（2010）第 148980 号

大夏书系·幼儿教育

给幼儿园园长的建议

主　　编	朱家雄　张亚军
策划编辑	李永梅
审读编辑	周　莉
装帧设计	朱静蔚
责任印制	殷艳红

出版发行	华东师范大学出版社
社　　址	上海市中山北路 3663 号　邮编 200062
网　　址	www.ecnupress.com.cn
电　　话	021 - 60821666　行政传真 021 - 62572105
客服电话	021 - 62865537
门市（邮购）电话	021 - 62869887　地址　上海市中山北路 3663 号华东师范大学校内先锋路口
网　　店	http：//ecnup.taobao.com/

印　刷　者	北京密兴印刷有限公司
开　　本	700×1000　16 开
插　　页	1
印　　张	14.5
字　　数	191 千字
版　　次	2010 年 11 月第一版
印　　次	2022 年 2 月第十八次
书　　号	ISBN 978 - 7 - 5617 - 7985 - 9/G·4666
定　　价	28.00 元

出　版　人	朱杰人

（如发现本版图书有印订质量问题，请寄回本社市场部调换或电话 021 - 62865537 联系）